空間練習帳

小嶋一浩・伊藤香織・小池ひろの・高安重一 編著

フットワークが軽くないと建築家にはなれない。

はじめに

　建築に興味はあるけれど建築のことなんて何にも知らないっていう人たちがこの本の読者です。ついこの間まで受験勉強をやっていて、高校生だったり予備校生だったりした人たちが、東京理科大学理工学部の建築学科に入ってきた1年目でいきなり取り組む「空間デザイン及び演習Ⅰ・Ⅱ」がこの本のベースになっています。この演習は、建築のスタートラインについた若者たちに建築の楽しさをダイレクトに知ってもらいたくて、始めました。もう10年ほどやってきたので、空間を理解するための方法論としては定着したと思っています。

　建築っていうと、地震に耐えなきゃいけないし、地球環境問題も配慮しなきゃいけないし、実際につくるにはすごいお金がかかるし、バリアフリーがあったりとか、建築家のプロになるには学ぶことが無数にあるわけですが、建築家になるために一番大事なことは空間に触れる体験をできるかぎりたくさんもつということです。それがあっても必ずしも建築家になれるわけではありませんが、それがなければ建築家として山あり谷ありの長い人生をやっていけません。

　ところで僕は、大学での演習を「建築演習」ではなく「空間デザイン演習」と名づけました。この本の書名も、『空間練習帳』。どうして建築ではなくて空間かというと、空間から入ったほうが絶対に建築の本質を楽しくつかめるんじゃないかと確信しているからです。でも空間から入るって言うけど、そもそも「空間」って何ですかって質問されそうですね。空間の概念は数学にも出てくるし哲学にも出てきます。これを言葉で説明するのは難しい。だから空間を観念的に論じることはあとまわしにして、ここではまずは空間を体験してみてください。

　空間体験の仕方は大きく言うとふたつあります。ひとつは、自分の身体をその場に投入するやり方。名建築の素晴らしい空間を実際に現地に行ってどんどん体験することです。建築だけでなくアートや映画や演劇、ダンスなどの中にも空間があるので、そういうものをジャンルを越えて体験することです。

　もうひとつの体験は、自分の手を動かして空間をつくってみること。でもいきなり建築の実物をつくることはできないので、代わりに段ボール箱などを用い

す。この本はそのときのガイドブックです。『空間練習帳』には10個の課題が入っていますが、骨格になるのは、「光の箱」「ピクニック」「篠原一男の空間」「あなたの部屋を空間化せよ！」の4つです。

　まず光。建築の歴史の中には、光に関する情報が詰まっています。それを、大学の演習では5、6週間でわかった気にさせなければなりません。それなら、人がつくったものを見て、頭でなるほどっていうんじゃなくて、それをまねしてもいいから、自然光を使い自分の手で段ボール箱の中に新たな光を生み出してみるほうが、つかめるものがいっぱいあるというのが、「光の箱」のねらいです。

　一見、建築や空間とはまったく関係のないように見える「ピクニック」はどうでしょう。この課題では、何人かでチームをつくり、課題のルールを守りながら、屋外でいろんな道具立てを用意してピクニックという名の社交空間をデザインします。同じルールでつくっても、楽しい空間とつまらない空間ができる。そのときは何のことやらわからなくても、いずれ、ピクニックは空間だったんだと得心してくれればいいと思っています。

　「篠原一男の空間」は、建築家・篠原一男（1925-2006年）の実現した全住宅作品38作品の中から自分が好きなものを選んで、その20分の1の模型をつくるという課題です。篠原さんは独立住宅（戸建て住宅）を主戦場にして建築作品を生み出し続けた建築家です。この人を知らなきゃもぐりだというくらい国内外で有名です。建築に関してアナーキーな発言が多かったので、言葉尻だけを読むと賛否がありますが、篠原さんが実現した空間は、ある種超越した力をもっていると言っても過言ではありません。そういう本物の空間を可能なかぎり正確に20分の1の模型で再現する試みです。空間を再現するので、大事なのは室内です。外観はごみのように見えてもいっこうにかまいません。うまくやれれば、篠原さんの住宅には、小さな家の中に偉大な空間があるってことが納得できます。

　本物の建築家がつくった本物の空間のもつ力を追体験したあとで、じゃあ君の部屋を空間って呼べるものにしてみよう、というのが「あなたの部屋を空間化せよ！」という課題です。これは大学の演習では1年間のトリの課題です。自分の部屋を何かしらのオーラが感じられる空間、ほかの人も体験したいという気に

させる空間に変換できるかどうかが最後の課題のポイントです。自分で設計して、材料を買ってきて工事をし、大学の演習ではできあがった空間を写真に撮って提出してもらいます。写真を見ると、僕らがおもしろいと思う空間の質を学生たちも共有してくれているかどうかが何かしら伝わってきます。

　建築のトレーニングの難しい点は、大学や大学院で、相当ハードに設計課題をこなしたり、講評会をやったりしても、それはあくまでも二次的なものでしかないということです。実物をつくるには社会に出てからもさらにトレーニングを積まねばなりません。そこが写真や絵画や音楽を学ぶのとは違います。だから長いトレーニング期間に耐えるには、最初に空間の楽しさを体験しておいたほうがいいと僕は考えています。だから、この『練習帳』では、面倒くさい図面の描き方などのスキルは取り上げていません。建築家としてのスキルを身につける前に、読者のみなさんの空間への興味を高めるのがこの本のねらいです。

　いい料理人になろうと思ったら、何より食べるのが大好きな人じゃないとだめだし、いいファッションデザイナーになるには何より洋服を着るのが楽しいと思えるような人じゃないとだめです。建築家も同じです。いい建築家になろうと思ったら、何より空間を探求することが大好きな人でないとだめでしょう。

　でも食べるのが好きな人がみんな料理人になるわけではありません。ファッションが好きな人もしかりです。僕の大学でも建築家になるのは1割いるかいないかだと思います。残りはエンジニアになったり、官公庁に就職して建築行政や都市計画の部署に行ったり、広告代理店や建築とはまったく関係のないところに就職したりする人もいて、そのほうが僕は健全だと思っています。

　読者のみなさんは、ぜひこの『空間練習帳』で空間のおもしろさに引き込まれてほしいと思っています。学生時代には、涙が出るくらい感動する空間をたくさん体験してください。建築の道に進むか別の道に進むかはそのあとで考えればいいと思います。

空間練習帳　目次

はじめに	3
建築家であるなら、まずは光の専門家であれ！	8

課題 1　光の箱　<u>26</u>
　紙上講評会　34

課題 2　スライドスケッチ　<u>40</u>
　「眼の記憶」を鍛えろ！　41

課題 3　フォトコンテスト　<u>48</u>
　伝えたいことをワンショットで示せ！　49
　紙上講評会　51

課題 4　空間レポート　<u>56</u>
　クリエイティビティがあるものの見方をしよう　58

課題 5　建築ブックレット　<u>62</u>
　ほしい！　と思わせないと始まらない　63

課題 6　ピクニック　<u>68</u>
　空間は出来事だ！　70
　紙上講評会　72
　ピクニックで都市空間をデザインする　78

課題 7　立方体×立方体　<u>86</u>

ブックデザイン：坂 哲二＋波切 雅也（BANG! Design, inc.）

| 課題 8 | ザ・ウォッチャー | 90 |
| | まちへ出かけよう | 91 |

| 課題 9 | 篠原一男の空間 | 94 |
| | 篠原一男の住宅について | 97 |

課題 10	あなたの部屋を空間化せよ！	116
	自室を黒く塗りつぶしてみよう	119
	紙上講評会	122

いい建築、悪い建築　　　　　　　　　　　　　　129

TOPIC
模型道具の基礎知識	24
人のつくり方	29
建築写真の基礎知識	30
建築見学の心得	50
エスキスの進め方	59
オーラルプレゼンテーションの極意	60
切る、貼る	89
素材を集める	96

| 略歴 | 133 |
| クレジット | 134 |

建築家であるなら、
まずは光の専門家であれ！

　光には自然光と照明の光があるけれど、空間のデザイン、とりわけ建築空間のデザインでは、自然光がものすごく大事です。この『空間練習帳』で最初に取り組む「光の箱」という課題は、自然光の重要性を体感するための課題です。

　当たり前ですが、建築空間は、コンクリートや鉄、ガラス、木材といった材料を使って、床、壁、屋根、柱をつくることで獲得されます。壊れないように材料を組み合わせれば空間はできるけれど、それだけでは、中に入り込んだときにワクワクしたり思わず感動したりする空間にはなりません。だから単に囲い込むだけではなく、囲い込まれてできる空間の「質」が問題になるわけです。空間の質って何のこっちゃいって思う人は、「空気」とか「空気感」って言葉で空間の「質」をとらえてくれたらきっとわかりやすい。

　この課題では、小・中学校の図画工作の時間のように、段ボール箱を使って光の空間をつくるわけですが、外側の形に目がいっちゃあまずい。かっこいいとか見たことないぞとかいう形をつくるわけではありません。

　そうじゃなくて自然光が開口部を通して閉じた箱の中に入ってきたときの光によって生まれてくる何か日常とは違う空気感をさぐることが重要なのです。そのためには言葉を手がかりにするのがいいでしょう。「気持ちがいい」「さわやかな」「深い」「ハレーション」などなど、自分がつくりたい空間の質を短い言葉で表現します。あとは、実際に段ボール箱に穴をあけ、手を動かし、目で何度でも中をのぞき込んで、試行錯誤してください。自分が考えた言葉に箱の中の空間が近づいているかいないかで、この案のほうがさっきのよりいいって判断していけばいいと思います。

　室内に踏み込んだときの空気の質は光の状態によって決まります。それが建築という表現行為がアートのほかのジャンルとはかなり違う点です。自然光だからその日の天候によって光は刻々変化します。朝日のときは素晴らしいけれどそれ

以外の時間はどうしようもないっていうんじゃまだまだで、1日の中でも、季節ごとでも、その都度生き生きとした空間体験ができるとしたら、それは相当優れた名建築になる可能性があります。だから、建築家であるならばまずは光の専門家であってほしいと思うわけです。

　誤解のないように補足すれば、空間の質には、もちろん、風通しや温度、湿度、音響なども関係します。それは前提条件として頭に入れたうえで、この課題では自然光の妙味を探求しましょう。

　実際の建築を見ると、光に敏感な事例は本当にたくさんあります。

　たとえばルイス・カーン（1901-74年）という建築家がいます。1950年代から1970年代にかけて活躍した近代建築の巨匠のひとりです。カーンは「Light is space.」と言いました。彼は一種哲学的な言葉づかいをする人なので、「光は空間だ」と言われても、聞いたほうは煙にまかれて、何か怪しい感じの人かと思ってしまうかもしれません。でも実際に彼が設計した建物を訪れ、中に入ると、カーンのこの言葉の意味が深く納得できてしまうのです。カーンは空間の質の高い仕事を連続的にやった建築家です。カーンの書いた文章を読んだだけでは、彼の空間はわかりません。

　空間の質は時代によっても違います。たとえば、ロマネスク建築の代表、ル・トロネの修道院（1160-75年）は、訪れる人にいまも深い感銘を与えています。ル・トロネの頃の石積みの技術では大きな開口部をつくると崩れてしまうので、マッシブな石の塊（かたまり）の内部に小さな開口部から光が入ってきます。これがロマネスク独特の空間の質を生んでいます。一方、ロマネスク建築のあとに続いたゴシック建築は、ステンドグラスとセットになって光の壁でできた空間を出現させました。石造りの教会建築といってもロマネスクとゴシックでは空間の質が異なります。

　さらに時代が下って、オーストリアのオットー・ワーグナー（1841-1918年）がウィーンで設計した「郵便貯金局」（1906年）では、それまで体験したことのない空間の質が現れていて、近代の始まりとされています。完全拡散光で室内には影がほとんど生じないので、あたかも無重力空間の中にいるような錯覚を抱かせます。スキューバダイビングをする人なら、水中で沈みもしなければ浮き上がりもしな

リフレクターで
反射した光

リフレクター　　トップライト

上：ルイス・カーン「キンベル美術館」1972年、内観。　下：同、トップライトのディテール

上:「ル・トロネ修道院」1160-75年。 下:トゥールーズの教会

い「中性浮力」の状態と言えばわかっていただけると思います。こんな空間の質は、それまでにはなかったし、いまだってめったにありません。

「ストックホルム市立図書館」(1928年) もおもしろい事例です。スウェーデンのエーリック・グンナール・アスプルンド (1885-1940年) が設計しました。外観は、かなり大きな円筒のシリンダーが基壇の上ににょきっと立っていて、圧倒されます。中に入って狭い階段を上がるんですが、最初は暗い。狭いうえに壁に真っ黒な石を使っているせいです。階段を上がるにつれて目が上のほうにいき、さっきの巨大な円筒の内側が見えてきます。円筒の内側は真っ白で、しかも表面がすごくでこぼこしています。円筒の上方に縦長の窓が360度ついていて、円筒の下部は本箱がぐるーっと回っています。図書館としての機能だけを考えれば、上方のがらんどうは不要です。アスプルンドはモニュメンタルな図書館をつくりたかったのでしょうか。確かにこのシリンダーは外から見るとよく目立ちます。でも僕は彼が目立つ形をつくろうとしたとは思いません。光のことだけを真剣に考えていったらこんな空間になってしまったのだと推測しています。

というのは、北欧は高緯度なので、昼間でも太陽の光は上からではなくて横からきます。その自然光で本を照らそうと考えて、縦長の窓を通して入ってきた光が、妙にでこぼこした白い円筒の壁で乱反射して、下方の本箱をやわらかく包み込むという案に至ったのだと思います。この建築の場合、形はあくまでその結果だったと解釈しています。

フランスのロンシャンにある「ロンシャンの教会堂」(1955年) も異様な形をしています。この建築は近代建築の巨匠の中でも一番有名なル・コルビュジエ (1887-1965年) の後期の傑作です。壁は、日本の砂壁よりはるかにゴツゴツした感じで、「つの」が3本はえています。半円形の「つの」には細長い窓があって、それぞれの向きが違うので、太陽が動いていくにつれ、光が入る「つの」が違ってきます。窓から入った光はざらざらした壁を何回も反射しながら床に届きます。光の反射をつるつるの壁で受けるのと、ざらざらの壁で受けるのでは、光の状態がまったく違います。俺はざらざらの壁でいくぞとここまで大声で言っている建築もめずらしいけれど、この壁と自然光の組み合わせがこの空間の質をつくっています。

同じル・コルビュジエの「ラ・トゥーレット修道院」(1960年)もフランスにあります。これも晩年の傑作ですが、曲線を多用したロンシャンの教会堂に対し、ラ・トゥーレット修道院は直線が基本です。筒状のトップライトが3基あって、外から見るとおのおの違う角度で違う方向を向いています。中に入ると、真っ暗に感じるくらいの空間にトップライトからきた白と赤と青の光のヴォリュームがぼーっと浮かんでいます。分厚い壁にあけられたスリット状の開口部も赤や黄色の光の帯に染まっています。ル・コルビュジエがここでやっているのは、光に色をつけるという作業です。自然光は白いと思っていたら浅はかで、自然光といえども自由自在に色をつけることができるのです。

　50年前にル・コルビュジエが試みていたこのような光の操作を積極的に応用して優れた仕事をしている現代の建築家のひとりに、アメリカのスティーヴン・ホール(1947年-)がいます。実作に恵まれない若い頃、ホールは、これからみなさんが「光の箱」でチャレンジする光のスタディと似たようなスタディを延々とやって、本をつくったりしています。

　彼の実作である「シアトル大学聖イグナティウス礼拝堂」(1997年)には、この光のスタディの成果が盛り込まれています。外から見ると、平屋なのにどうしてこんな形になっているんだろうと思うのですが、この不思議な形の出発点は光です。平屋の箱の上に7つの「光のビン」(と呼ばれています)をのせて、これらを経由して自然光が室内に入ります。「光のビン」のうち5つには、内側にそれぞれ黄色、青色、緑色などが塗られているので、室内に入ってくる自然光には色がついていてあたりを淡く染めます。

　またホールは、窓から入る自然光を窓よりひとまわり大きな板で一度受け止めて反射させ、さらに内壁にバウンドさせるというような、光をツーバウンドさせて室内に取り込むというテクニックもこの建物では使っています。

　光を扱うときに大事なことは、光源(ソース)と反射面(リフレクター)という考え方をもつことです。僕たちが室内で見ている光は、壁や床、天井などの反射面で反射した光です。自然光が反射面に到達するまでに何バウンドさせるか、色のフィルターをどう入れるかによって、室内の反射面からいろいろな光が立ち現れて

曇りガラスの
2重ガラス屋根

拡散光の空間で人の影が消える

オットー・ワーグナー「郵便貯金局」1906年、内観

黒くて狭い
階段の奥に…

左：グンナール・アスプルンド「ストックホルム市立図書館」1928年、外観。 右：同、階段室

「ストックホルム市立図書館」内観。階段から見上げる

くるのです。

　ダメ押しでもうひとり、形の権化のような現役の建築家をここで紹介します。アメリカのフランク・O・ゲーリー(1929年-)です。彼が設計したロサンゼルスにある「ウォルト・ディズニー・コンサートホール」(2003年)やスペインのビルバオにある「ビルバオ・グッゲンハイム美術館」(1997年)は、一般の人にもとても有名です。とにかくうねうねとした形が特徴で、きっとこの人は金属張りでインパクトのある形をつくりたくて仕方がないんだろうなと思ってしまいます。

　でもゲーリーの建築がそんなに形一辺倒でないのは、彼の60歳のときの仕事である「ヴィトラ・デザイン・ミュージアム」(1989年)を注意深く観察すればわかります。この美術館は椅子を展示する美術館でスイスのバーゼルの近くにあります。この建物の外観も、一体どうやったらこんな形が生まれたのだろうと思わざるを得ません。

　美術館に入ると、割合四角い部屋がいくつかあって、部屋の上方の角などがくりぬかれて、もうひとつの箱が奥にくっついています。くっついた箱には自然光が入ってきているのにソース(光源)は見えないように隠されているので、くっついた箱全部がリフレクター(反射面)になって明るくなっています。相対的に見学者がいる部屋は暗いので、暗いところからぼわーとした光を見ることになり、不思議な光の効果が生まれています。外観の奇妙な形は、実はこのためだったんですね。

　試しに、直方体か立方体を2個用意して同じことをやってみてください。おもしろいように同じような光の効果が得られます。ふたつの箱のくっつけ方を変えたり、壁を曲げたりするだけで、光の状態はさまざまに変化します。これがゲーリーお得意の光のダンスです。だから僕は、この美術館は形の名作じゃなくて、実は光の空間の名作だと思っています。この美術館で味をしめたゲーリーはその後も光のダンス一直線になって、その結果すごい形がどんどん生まれてスーパースターになってしまいました。

　さて、アーティストの中にも光を追いかけている人がいます。ジェームズ・タレル(1943年-)とオラファー・エリアソン(1967年-)です。

タレルは天井にエッジがかぎりなくシャープで薄くなった四角い穴をあけて、その切り取られたフレームから空を見せます。フレームの中を雲が動いたり、青空が見えたり夕方になったりします。ただそれだけのことですが、なぜか感動します。タレルの作品は日本でもいくつかあります。香川県の直島(なおしま)という島の「地中美術館」(安藤忠雄、2004年)や石川県金沢市の「金沢21世紀美術館」(妹島和世＋西沢立衛、2004年)、新潟県十日町市にある「光の館」(ジェームズ・タレル、2000年)でタレルの光が体験できます。

　オラファー・エリアソンのほうは、もっといろんなことを手を替え品を替えてやっていますが、この人も人工照明も含めた光を使って印象的な作品を生み出しています。「金沢21世紀美術館」にも彼の作品があります。

　「光の空間」というテーマで言えば、ゲーリーとタレルとエリアソンをまず見てください。そしてここで挙げているほかの事例も現地に行って体験してみると、僕が「建築家であるなら、まずは光の専門家であれ！」と言っていることに共感してもらえると思います。

　いままで述べてきたように、自然光の扱いにはさまざまな知恵やテクニックがあるので、これまでの建築の事例をまずまねることから始めましょう。事例をさがして、気になったらどうして気になるのか考えます。わからなければ聞きましょう。できれば実物を見に行って光の扱い方を調べます。それからつくりたい空間をさきほど言ったように一言で表現して、それを段ボール箱の中につくるべく試行錯誤を繰り返します。自然光を料理して、外見からは想像もつかない空間の質を箱の中にかいま見てびっくりしたら大成功です。大事なのは、晴れた日に戸外で自然光を使うことです。自然光は完全に平行にやってくるし、地域差や季節にも敏感だし、照明光とはまったく違います。それをどういうふうにフィルターにかけたり、反射を何回も使ったりして「光の空間」を設計するか、それがこの課題の醍醐味(だいごみ)です。そして建築家になってからも何度でも立ち現れるテーマです。

この面にだけ色がついている

前頁
左上:ル・コルビュジエ「ロンシャンの教会堂」1955年、光を取り込むための「つの」。左下:同、トップライトからの光。右上:ル・コルビュジエ「ラ・トゥーレット修道院」1960年、筒状のトップライト。右下:同、トップライトからの光

本頁
上:ル・コルビュジエ「ラ・トゥーレット修道院」、壁にあけられたスリット状の開口部。下:同、スリットから差し込む色のついた光の帯

上下とも:スティーヴン・ホール「シアトル大学聖イグナティウス礼拝堂」1997年、コンセプトドローイング
次頁=上:「シアトル大学聖イグナティウス礼拝堂」内観。下:同、外観

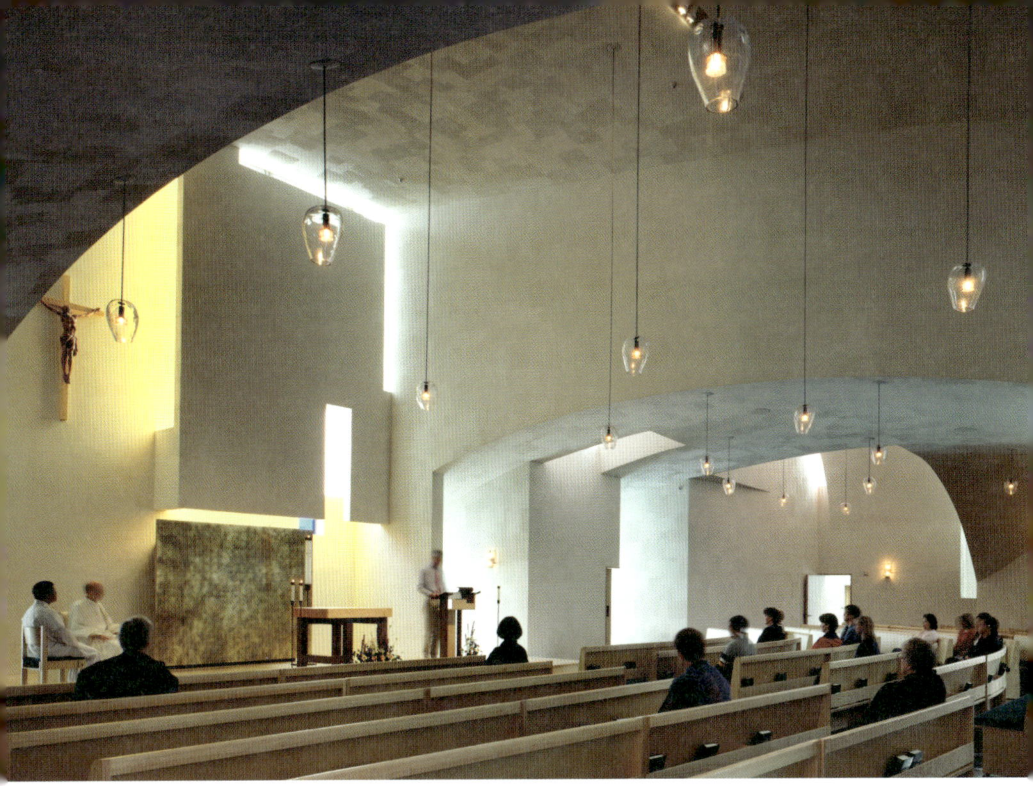

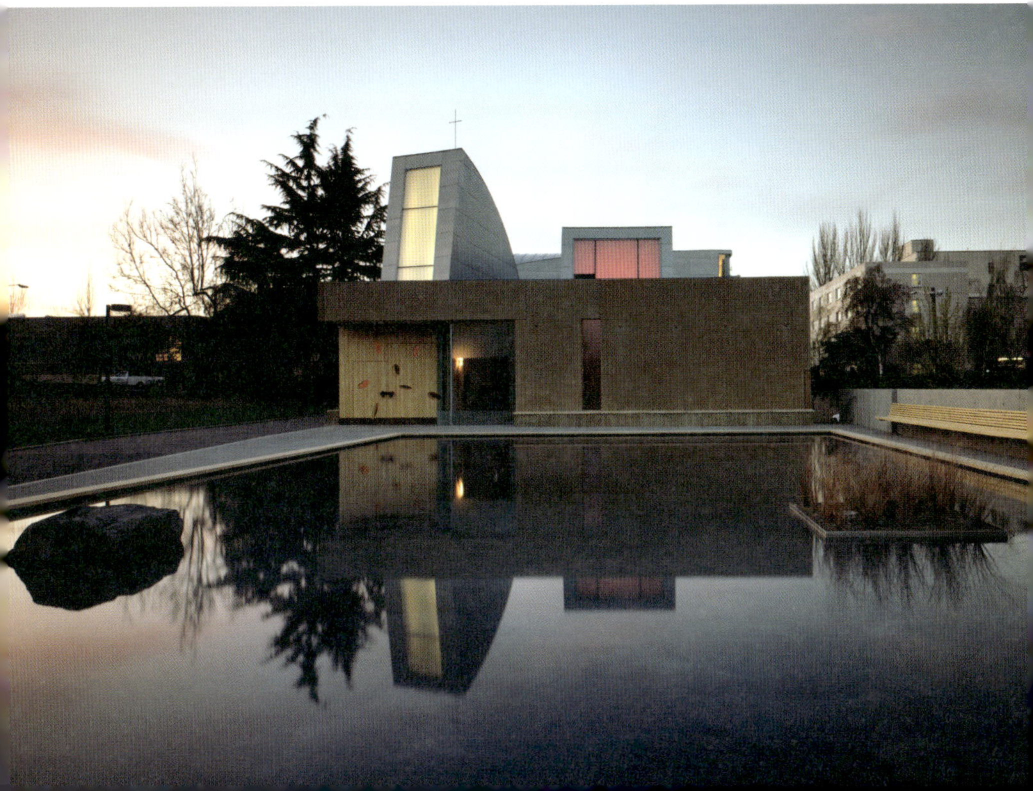

光だまりのための箱

前頁
フランク・O・ゲーリー「ヴィトラ・デザイン・ミュージアム」1989年、内観

本頁
上:「ヴィトラ・デザイン・ミュージアム」外観。 下:ジェームズ・タレル「光の館『アウトサイドイン』」2000年

TOPIC　模型道具の基礎知識

〈製図類〉
製図用シャープペン(①)：0.3mm、0.5mmはそろえましょう。
三角スケール(②)：必ず「設計士用」を買ってください。

〈紙類〉
ケント紙：主に課題の成果物を貼るときに使います。**トレーシングペーパー**：トレースができる半透明の製図用紙です。設計のスタディなどに使います。

〈カッター類〉
カッター(③)：刃が60度ではなく30度のものを使います。
カッターマット：机を傷つけないように、下に敷くマットです。A2判程度の大きさが便利です。

〈金物類〉
コンベックス(④)：実際に寸法を測るときに使います。5mくらいのものを用意しましょう。**金尺(⑤)**：金属製の定規で、カッターで切るときのガイドとして使います。**スコヤ(⑥)**：模型をつくるときに直角を取るための道具です。

〈接着類〉
スチのり(⑦)：主にスチレンボード、スタイロフォームを接着するためののりです。塩ビ板、プラ板なども接着できます。**スプレーのり(⑧)**：スプレー式の接着剤です。紙など、広い範囲を接着したいときに便利です。接着力の弱い「55」から、接着力の強い「99」まで、いろいろな種類があります。**木工用ボンド(⑨)**：木材のほか、布や段ボールなども強力に接着できます。

〈テープ類〉
ドラフティングテープ(⑩)：模型を接着する際の仮どめに使います。**メンディングテープ**：半透明で弱粘着のテープです。基本的にセロハンテープはあまり使いません。

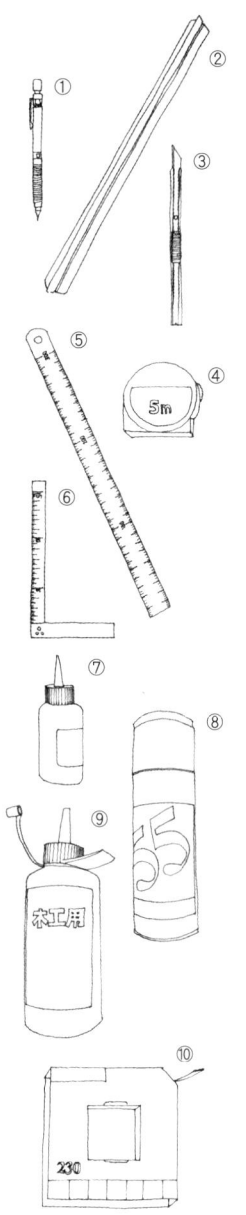

空間練習帳

課題1　光の箱
課題2　スライドスケッチ
課題3　フォトコンテスト
課題4　空間レポート
課題5　建築ブックレット
課題6　ピクニック
課題7　立方体×立方体
課題8　ザ・ウォッチャー
課題9　篠原一男の空間
課題10　あなたの部屋を空間化せよ！

課題 1 光の箱

単純で十分なヴォリュームのある箱を出発点として、そこに光を満たし、風を呼び込むことで空間をつくることが今回の課題です。さまざまな光の状態を1/20の世界で体験しましょう。さらに現れた内部空間を一眼レフカメラを使って接写で撮ることを学びます。

〈製作するもの〉
1/20の空間に見立てた光の箱／ポジフィルムで撮影した内部写真3枚

〈用意するもの〉
一般的な段ボール箱（みかん箱より少し小さいくらいのもの）／カッター／カッターマット／金尺／ガムテープ／素材として用いる紙や布、プラスチック板など（適宜）

〈製作期間〉
4〜5日程度

進め方

❶段ボール箱を組み立てます。ふたが重なるところは余分な部分を切り落とします（あとの作業をしやすくするためです）。大切なのは内側です。外側は気にせずガムテープをしっかり貼ります（図1）。

❷この箱が最初の空間です。どの面が床で、どの面が天井になるのかを自分で決めましょう。

❸この空間は実物の1/20のサイズという想定です（図2）。1/20の自分の模型もつくってみましょう（29頁「TOPIC：人のつくり方」参照）。

❹1/20の自分が立ったときの目の高さに合わせてのぞき穴をあけましょう。穴のサイズは実寸で2cm角程度でいいでしょう。穴はひとつではなく、数箇所あけてみましょう（図3）。

❺のぞき穴からのぞくと最初は真

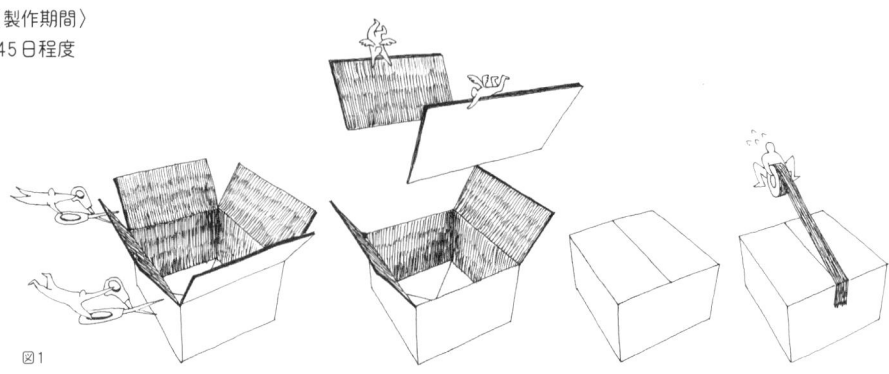

図1

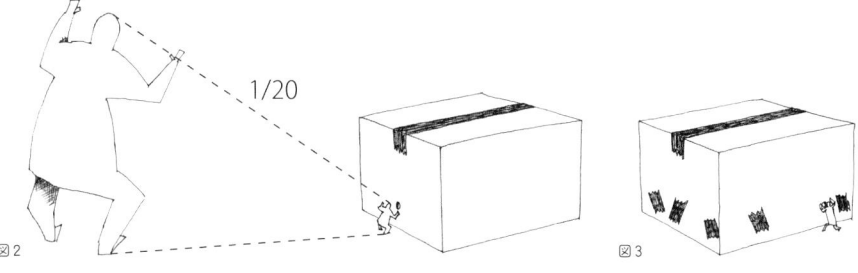

図2　　　　　　　　　　　　　　　　図3

っ暗な空間があります。自由に穴をあけて光を入れてみましょう。

❻穴をあけるだけではなく、穴を立体的にしてみたり（図4）、内部に光を受ける面を挿入してみたり（図5）、光に色をつけてみたり（図6）、内壁面の質感を変えてみたり（図7）して、複雑な光の状態を試してみてください。

❼作業を進めながらなるべく外へ出て、自然光の状態で箱をのぞいてみましょう。方位を決めて箱の

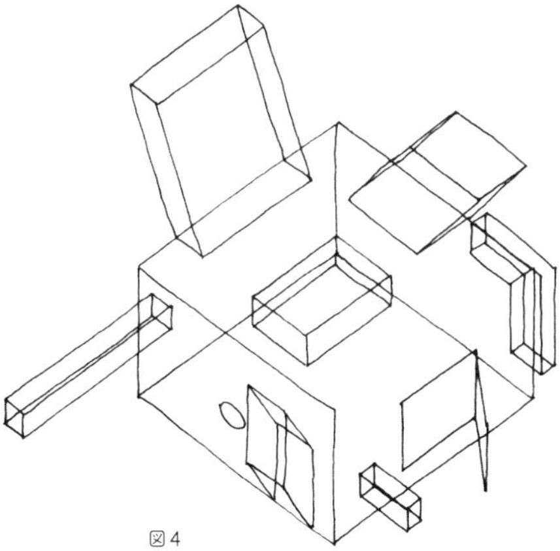

図4 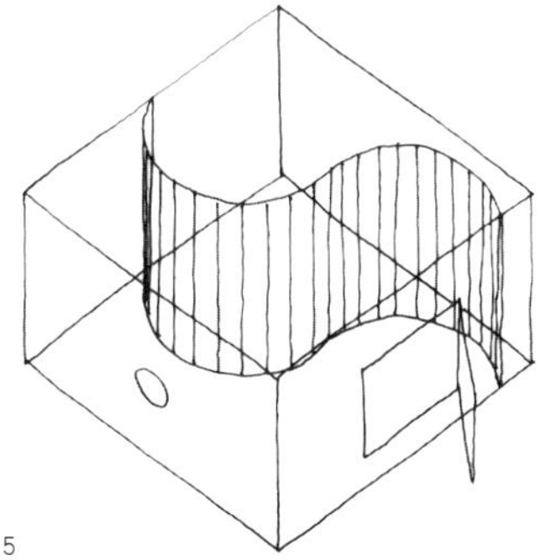　　　　　　　　　　　　図5

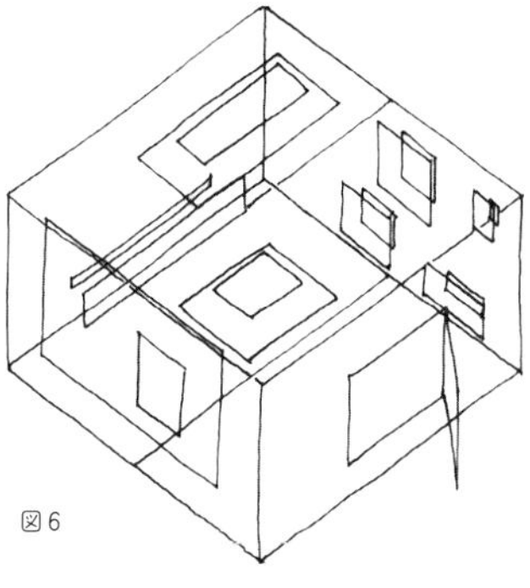

図6 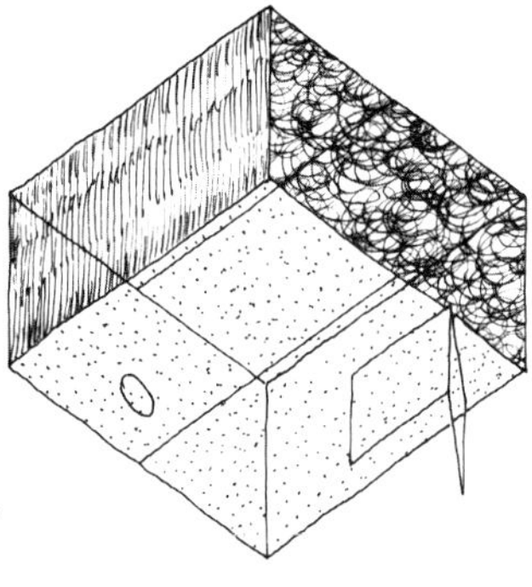　　　　　　　　　　　　図7

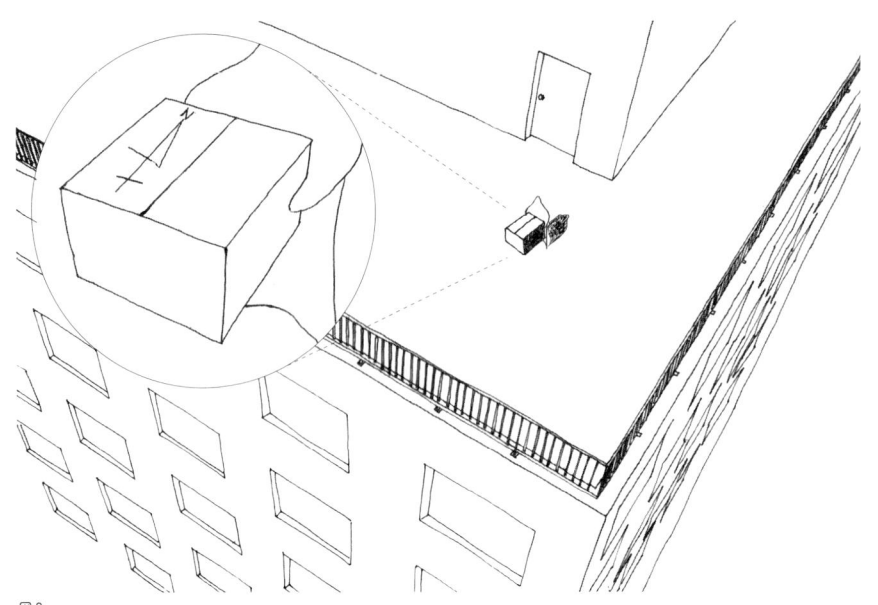

図8

上部に記載して、常に実際の方位と合わせてのぞきましょう（図8）。

❽「光の箱」ができたら、内部を写真に撮りましょう（30頁「TOPIC：建築写真の基礎知識」参照）。

・余分なすき間から光が入る場合はアルミホイルで覆うと効果的です。
・自然光は、季節や時間で高さ・角度が変化します。いろんな時間にのぞいてみましょう。時間がないときは太陽の動きを想定しながら箱のほうを動かして春夏秋冬や夜明けから日没までの太陽の位置から入る光を見てみましょう。
・身のまわりの透けるもの、反射するものなど、何でも使ってみましょう。
・自分がのぞいている以外ののぞき穴はふさげるようにしておきましょう。

TOPIC 人のつくり方

　模型をつくる際に、人を置くとスケール感がつかみやすくなります。模型の雰囲気や伝えたいことに合わせて、素材やつくり方を変えてみましょう。縮尺が間違っているとスケール感が狂うので注意してください（例：1/20の模型なら、170cmの人は、1700mm÷20＝85mmなので、8.5cmくらいの大きさにします）。

紙の人

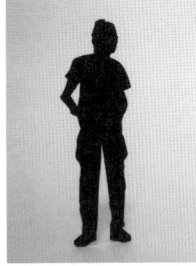

自立させるために、縮尺に合わせて厚みを考えましょう。模型の雰囲気に合わせて色紙を使うのもいいでしょう。

プラ板（透明）の人

プラ板などの透明な板材を使用したものです。

針金の人①

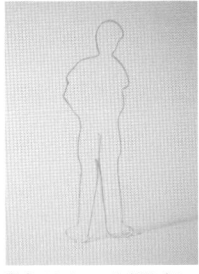

針金でシルエットを形づくったものです。

針金の人②

針金を巻きつけて立体的につくったものです。立体的にすると、模型写真の撮影時に、どの角度からでも撮りやすくなります。

〈近・現代の建築家の人〉

　近・現代の著名な建築家のスケッチや模型では、その中の人を見ただけで、誰の作品かわかるような特徴的なものもあります。シルエットや表現方法を工夫して、自分なりの人をつくってみましょう。

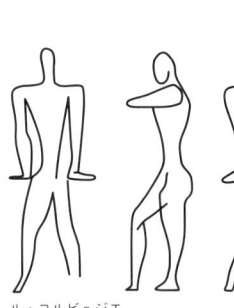

ル・コルビュジエ
（「モデュロール」の人）

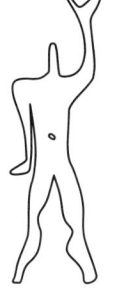

ミース・ファン・デル・ローエ
（自分の写真）

SANAA

TOPIC 建築写真の基礎知識

　この『空間練習帳』に出てくる課題では、毎回、ビジュアルに表現した作品をつくってもらいます。建築には、たとえば熱や地震の力といった体で感じるいろんな要素がありますが、課題で扱っているのは主に視覚を通して感じる空間の要素です。それを記述するにはスケッチを描くとか、さまざまな方法があります。なかでも写真は最も効果的な表現方法のひとつです。この『空間練習帳』ではカメラの細かいテクニックをすべて覚える必要はありませんが、露出と被写界深度という言葉は、ここできちんと理解しておきましょう。

　カメラのレンズを通過する光の量を調整する機能のことを「絞り」、またレンズを通った光をフィルムに当てている時間のことを「シャッタースピード」と言います。露出、つまり撮影に適した光の量は、この絞りとシャッタースピードの組み合わせで決まります。取り入れる光の量が多すぎて白っぽい写真になったり、逆に光の量が少なすぎて暗い写真になるのはこの組み合わせが適切でないからです。

　被写界深度は簡単に言うと、焦点が正しく合って見える範囲（距離）のことです。ようするに、近くにあるものと遠くにあるものの両方に焦点が合って、くっきり見えている状態が被写界深度が深いということ。それに対して深度が浅いというのは、ある距離には焦点がばっちり合っているけれども、それ以外の距離には焦点が合っていない、簡単に言うと、ピントが合っているのは一部分でそのまわりはぼけている状態のことです。

　詳しい原理はみなさんで調べてみてほしいのですが、絞りの値を大きくして、小さい穴から光を入れると被写界深度は深くなり、全体に焦点の合ったシャープな写真が撮れます。ただ、光の量が少ないぶん、長い間シャッターをあけておかないといけま

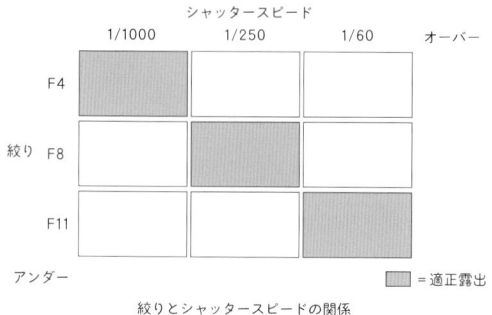

絞りとシャッタースピードの関係

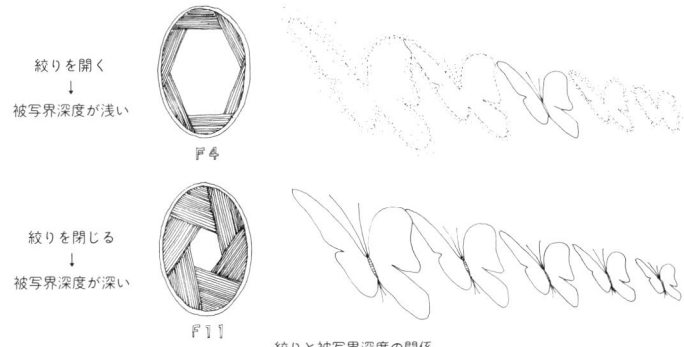

絞りを開く
↓
被写界深度が浅い
F4

絞りを閉じる
↓
被写界深度が深い
F11

絞りと被写界深度の関係

せん。だからその間は三脚を使ってぶれないようにしないといけないのです。

　建築カメラマンは、基本的には空間のすべてに焦点を合わせます。つまり、被写界深度が深い写真を撮ります。まったく逆なのが、ファッションのカメラマンです。モデルのまつげに焦点を合わせて、鼻はちょっとぼけているくらいの、被写界深度が浅い撮り方をします。この『空間練習帳』の課題で撮影をするときには、手前と奥の両方にフォーカスを合わせて被写界深度の深い写真を撮る、ということだけは押さえておいてほしいと思います。

　撮影には一眼レフのカメラを使うのが基本です。デジタルかアナログかは問いません。一眼レフではレンズを通った光をファインダーを通してそのまま見ることができます。つまり、プリントしたときの状態を見ながら撮れる。これが大きな特徴です。コンパクトカメラのファインダーは単なるのぞき窓なので、どういうふうに撮れるかを判断できません。また、デジタルカメラには光を補正する機能がついているので、暗すぎるものはほどほどに明るく、明るすぎるものはほどほどに暗く撮ってしまいます。だから、「光の箱」のように光と影を生み出すような模型を撮影するときには、その空間の印象を平坦にしてしまう傾向があります。できれば、フィルムの一眼レフカメラとデジタルのコンパクトカメラの両方を使って、その違いを自分の目で確認してみるといいと思います。

　これから実際に模型をつくって撮影をしていくわけですが、模型には必ず人の模型も入れてください。カメラのレンズに対して、全身が写らないくらい手前のほうにひとり置いて、その空間の一番遠いところにもうひとり置きます。そして、手前の人の目から奥にいる人の目を見るように写真を撮ると、ぐっとリアルに見えます。その空間の中のふたりの距離をできるだけ離すことがコツです。スタディ模型をのぞくときも同じです。片目でのぞいて、模型の人の中に自分の目があるように見て、検討するようにしましょう。

いろんな穴があいて
外がめちゃくちゃになるほど、
中はおもしろくなる。

「光の箱」の屋上でのエスキス風景
34〜39頁=学生による「光の箱」内観

①は小さい穴にアクリル棒を突き刺して、そこを光が伝わってきている。箱を真っ暗にして、小さい点光源を印象的に見せているのがうまい。鏡面の筒を上から箱に挿入して、そこにもアクリル棒を突き刺すことで、筒の内側から取り込まれた光も現れています。鏡面に光が映り込んだり、合わせ技が効いていますね。

②は直射光が落ちてきているんだけれど、光が当たるリフレクターの面をでこぼこにすることで、ちょっと不思議な効果が生まれています。しかも黒く塗ったところに光を当てて白さを出すことで、単純な印象になっていない。上からの一筋の光とリアルな人の影が、何か物語性を感じさせますね。

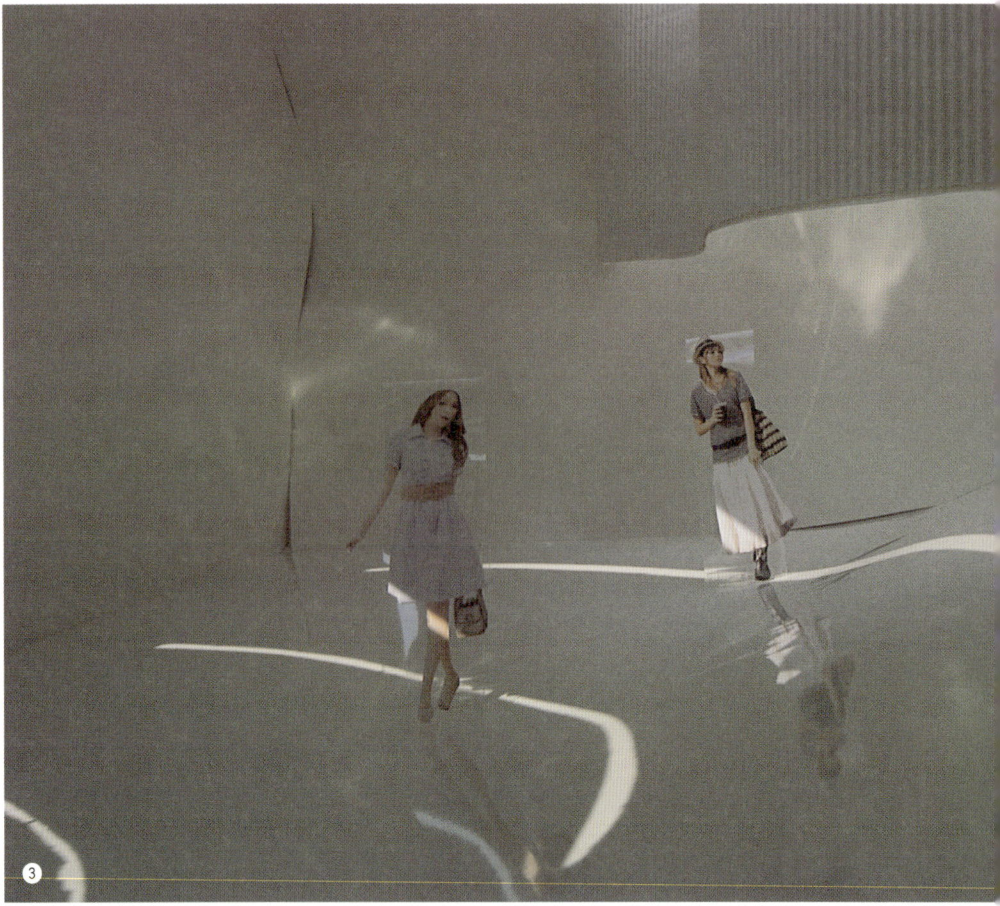
3

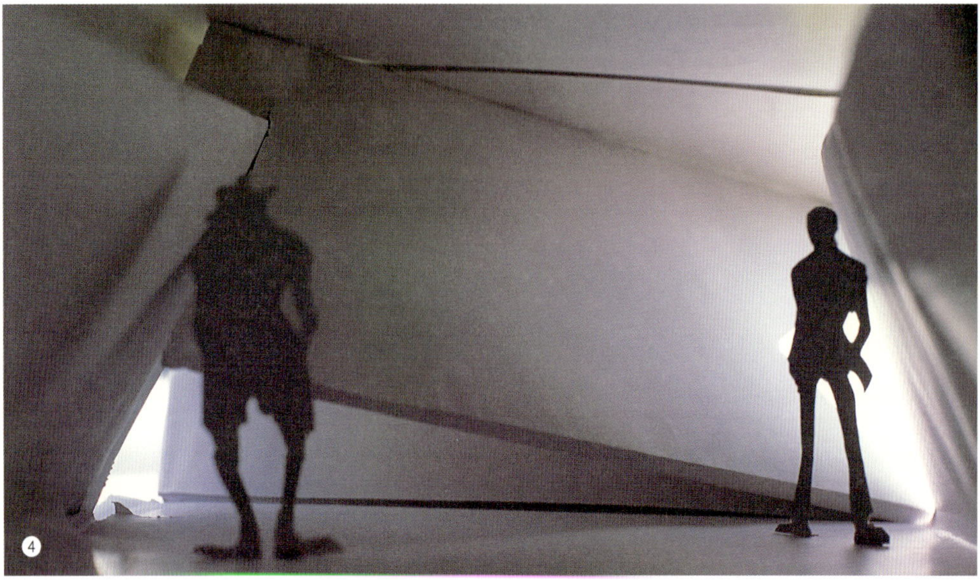
4

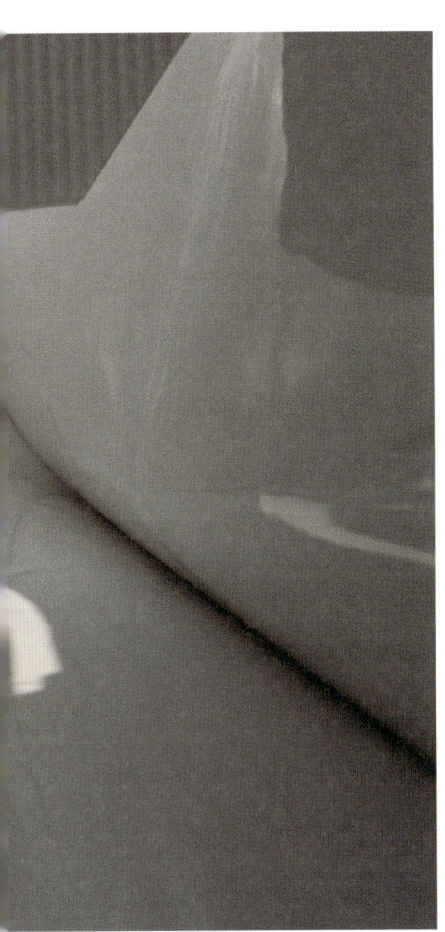

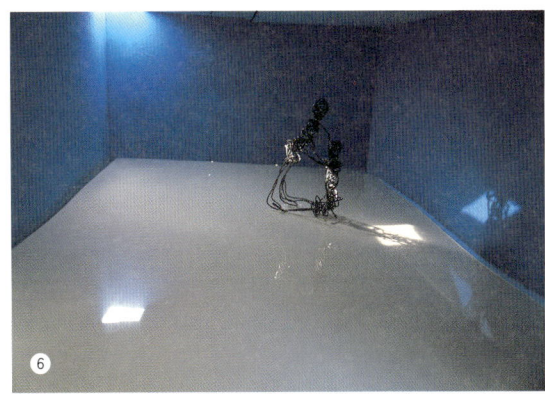

③は光沢のある白い曲面に直射光が落ちているので、光の模様と反射がゆらいで見えるのがおもしろい。④は逆光の効果に集中しているように見えるけど、後ろの斜めの影が遠近感や構図としても効いています。⑤は王道の手法。穴をあけた箱の外側に色をつけて、少しすき間をあけてひとまわり大きな面で穴を覆うことで、色のついた光を生み出しています。⑥は井戸の底のように、かなり高いところから光が落ちている印象をつくるのに成功している。シーンとした音が写真に写り込んでいるのがいい。⑦は奥行き方向にいくつもの空間がつながっているように見えるし、絵画的な2次元の光のようにも見えますね。⑧は下半分を光を通す素材にした筒を床から少し浮かせて並べることで、きれいなグラデーションが生まれています。

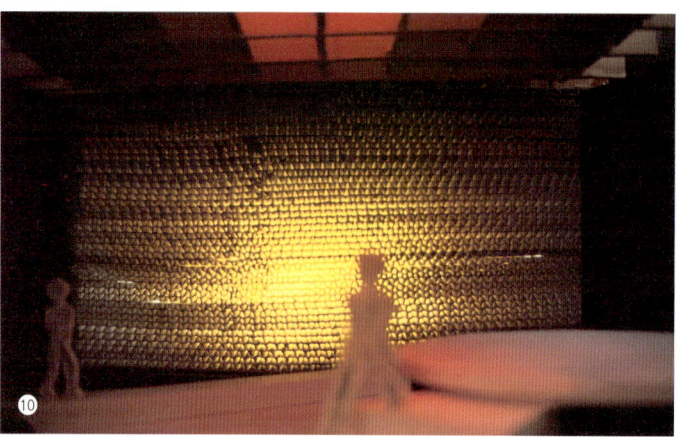

⑨はアーチが天井のほうに上がっていって、わりと高さがある格子をつくっています。そうすると太陽の位置によってすごく表情が変わってくる。白黒だけでチャレンジしたのもセンスがいいですね。⑩は細く切ったダンボールの断面を重ねて、その後ろから黄色い光を入れることで、壁に光がにじんでいるように見えます。これは視点がずれると光の状態も劇的に変

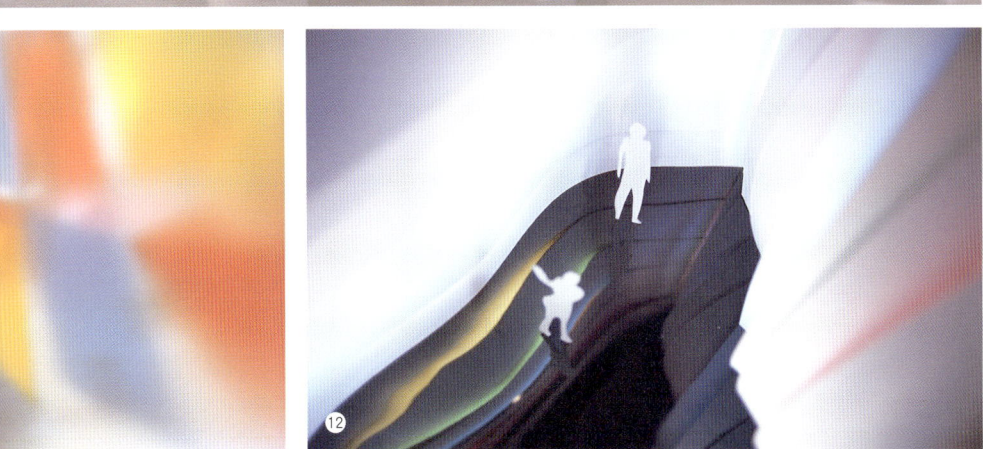

わりますね。⑪は乳白のフィルターの後ろに少しすき間をあけて色のついたものを貼っているんでしょう。影絵のような不思議な空間になっています。⑫は氷河の底に落っこちたような静かな空間。光のチューニングがよくできています。意図的に客観的な視点で撮るのもプレゼンとしてはありです。

# 課題 2 スライドスケッチ

「眼の記憶」を養うための継続的なトレーニングです。
建築の内観写真をできるだけ大きく映写して、まず3分間じっと見ます。
3分たったら、続いて2分間でスケッチブックに情景を描き取ってください。
上手なデッサンである必要はありません。その空間の特徴をとらえて
スケッチできることが重要です。週に1回、曜日を決めて行ってください。

〈製作するもの〉
スケッチ

〈用意するもの〉
スケッチブックまたはクロッキー帳（A3サイズ程度）／鉛筆（B、2Bなど芯のやわらかいもの）／建築の内観写真（雑誌からスキャンしたもので可）／プロジェクター／その他筆記用具など

〈製作期間〉
一生

「眼の記憶」を鍛えろ！

　記憶というと言葉によってかたちづくられると思うかもしれないけれど、夢の記憶は必ずしも言葉ではないですよね。そういった画像や映像としての記憶を僕は「眼の記憶」と呼んでいます。この「スライドスケッチ」という課題は、その「眼の記憶」を養うためのトレーニングです。

　建築家はうまくしゃべれることも大事だけれど、それと同じくらい、相手の前で何かを描いて伝えられるというのが大事です。それには、「眼の記憶」のストックをどれだけもっているかということが、基本中の基本になります。いまだったら、いつもパソコンをもち歩いて写真を見せられるからそんな訓練は必要ないと思うかもしれませんが、そういうものは自分を支えてくれません。

　じゃあ具体的に何をするかというと、電気を消して映し出されたスライドをとにかく3分間じっと見ます。そして再現的でなくていいので、眼が記憶したものをスケッチブックに描きましょう。

　僕の経験から、同じ1枚の写真を3分間見続けると、記憶に定着できます。僕自身は、まだデジカメがない時代に旅行に行って撮ってきたスライドを、1枚につき180秒で映写機にセットして、ゆっくり流してぼーっと繰り返し見ていました。その当時までに撮った写真は5,000枚を優に超えると思いますが、完全に憶えています。デジカメと違ってフィルム代、現像代、マウント代を合わせると1カット100円近かったから厳選されたカットしか撮っていません。ル・トロネ修道院でさえわずか20カットです。

　たとえば、カルロ・スカルパという建築家の「カステルベッキオ・ミュージアム」(1964年)の幅木の写真がないかって聞かれたら、その場で「どこのこういう角度のものなら」って答えられます。ようするに、頭の中に画像を呼び出して、その画像について説明できるということが憶えているってことです。

　3分間というのは、首都圏の電車を1駅乗っている時間ぐらいで、けっこう長いです。作品集をもっていたらぱらぱらめくっていないで、次の駅に着いてドアが開くまでの間は1枚だけを見続ける。そういうことを習慣づけてやってみましょう。

ル・コルビュジエ「ロンシャンの教会堂」1955年

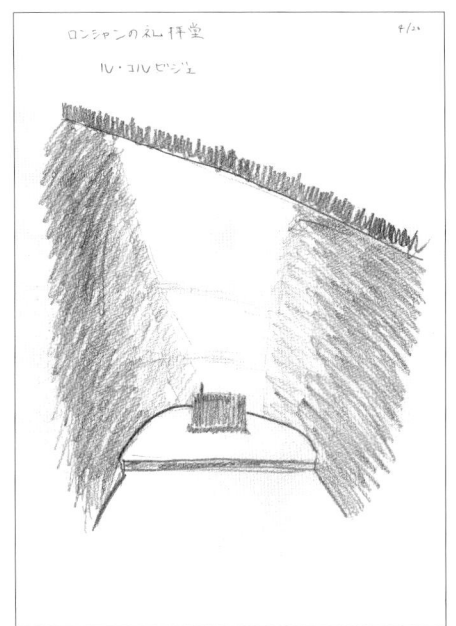

学生によるスライドスケッチ

伊東豊雄「中野本町の家」1976年

学生によるスライドスケッチ

安藤忠雄「光の教会」1989 年

学生によるスライドスケッチ

課題3 フォトコンテスト

優れた建築空間をあなたの視点で撮影し、
人の心に何かを伝えてください。写真家の作品では
タイトルにより相乗効果を生むものもありますが、
ここでは文字による補足は一切禁止です。

〈製作するもの〉
ワイド4つ切りサイズ（254×368mm）にプリントした写真1枚　※プリンターで出力するのではなく、必ず写真店で焼いてもらうこと。なぜか？　は、一度やってみればわかります。

〈用意するもの〉
カメラ（デジタルでも可）／できれば三脚など

〈製作期間〉
一生

対象とする建築（推奨）

横浜港大さん橋国際客船ターミナル（foa、2002、神奈川県）

せんだいメディアテーク（伊東豊雄、2000、宮城県）

金沢21世紀美術館（妹島和世＋西沢立衛、2004、石川県）

鬼石多目的ホール（妹島和世、2005、群馬県）

モエレ沼公園（イサム・ノグチほか、2005、北海道）

瞑想の森　各務原市営斎場（伊東豊雄、2006、岐阜県）

牧野富太郎記念館（内藤廣、1999、高知県）

ハラミュージアムアーク（磯崎新、1988、群馬県）

海の博物館（内藤廣、1992、三重県）

群馬県立近代美術館（磯崎新、1974、群馬県）

丸亀市猪熊弦一郎現代美術館（谷口吉生、1991、香川県）

日本盲導犬総合センター（千葉学、2006、静岡県）

ヒルサイドテラス（槇文彦、1969～98、東京都）

光の教会（安藤忠雄、1989、大阪府）

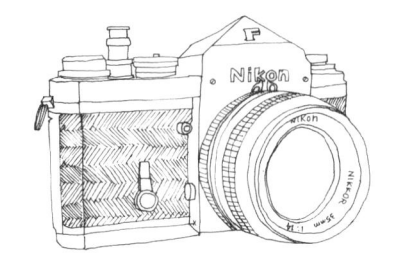

※美術館の内部などは撮影禁止のところも多いので、注意すること。

伝えたいことをワンショットで示せ！

　この課題では実際に建っている建築を写真に撮ってもらいます。文字や説明が一切ない1枚の写真だけで、人の共感をどのくらい得ることができるかを試してみましょう。共感を得るというのは、あなたがそこに行って、立って、体験したエッセンスのようなものを、そこに行ったこともない、あるいは行ったことはあるけれどそんなことに気づいていない人に、写真を通してどれくらい伝えられるかということです。どんなことに感銘を受けるのかはケース・バイ・ケースですが、『空間練習帳』ですから空間的な何かをテーマにしてください。

　この課題にかぎらず何かの空間体験をしたら、その中でのベストの1枚はどこかをいつも考えながら見ると、建築を見る眼が鍛えられます。そういう意味でこの課題のもうひとつの大きなねらいは、みなさんの空間を見きわめる力、眼力を鍛えることです。

　理科大の授業では、ザエラ・ポロとファーシッド・ムサヴィが設計した「横浜港大さん橋国際客船ターミナル」(2002年)を撮影の対象にしています。この建築は、自然の地形のようにうねった屋上が広場として開放されているので、公園のようでもあり、ランドスケープのようにも見える、かなりユニークな事例です。ここでは百数十人の学生たちが同じ日に撮影しても、おもしろいことにまったく違う写真が撮れます。どの写真が正しいという話では全然ありません。カメラという機械を通して、そこで一番に伝えたいことをどうやってうまくすくい取るかが重要なのです。

　幸いなことに、いまの日本には撮影するに値する素晴らしい空間がほかにもたくさんあります。前頁にもいくつか事例を挙げていますが、それらに限定する必要はありません。みなさん自身でもっと発見して、さまざまな建築でトライしてみましょう。

TOPIC　建築見学の心得

〈感謝する！〉

　見学している建築物の所有者や利用者、そして、その近隣の方々への配慮を忘れないようにしましょう。見学していると、ついつい夢中になって、あたりかまわず写真を撮ってしまったり、近隣の建物の階段に勝手に上って遠景を見たり、大きな声で話をしてしまったり……。建築を快く利用している人びとに大きな不快感を与えることは避け、見学できることに感謝の気持ちをもってください。逆の立場だったら、ということを常に考えて行動しましょう。もし所有者や利用者の方と話ができるのであれば、貴重な機会なので話をしてみると、また違った視点が見えてくるかもしれません。

〈確認する！〉

　見学の際、入ってはいけないところ、写真を撮ってよいところ、だめなところ、その他の注意事項をきちんと確認しましょう。また、見学時の写真をブログなどのインターネット上で公開してもよいかどうかも確認しましょう。

〈気になったら立ち止まる！〉

　同じ速度でうろうろとするだけでなく、気になった空間や場所やものに遭遇したら少し立ち止まってみましょう。しゃがんでみたり、耳をすましてみたり、ぼーっとしてみたり、視線の高さを変えてみたり……、五感で体感する時間をもてることは、写真では味わえない、見学ならではの貴重な経験です。

〈測る！〉

　気になる寸法はぜひ測ってみましょう。寸法という数字で体験を押さえておくことで、貴重な資料となります。

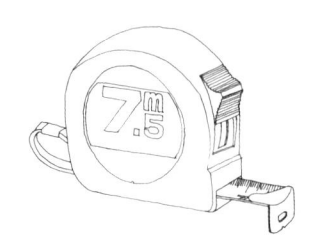

51〜55頁：foa「横浜港大さん橋国際客船ターミナル」2002年
学生による「フォトコンテスト」の写真

横浜の「大さん橋」は構図を押さえて撮るのが難しい建物なんだけど、①は水平線とその向こうに見えているものとの高さのバランスがいいんですよね。②を撮った人は、きっと大さん橋に行って本当に地形のようだと思ったんでしょう。向こうに建っているビルとの対比で、一番建築らしく見えないところを攻めている。

③は本当に楽しそう。もはやこうなると公園にしか見えないですね。言われなかったら大さん橋とは気づかない。色の印象がものすごく強く出ています。手前から奥へ人が歩いていく連続感もありますね。ここで取り上げた写真の中にも人が写っているものがあるけれど、大勢の人が入っているのはこの写真だけです。人の散らばり方が非常にいい。

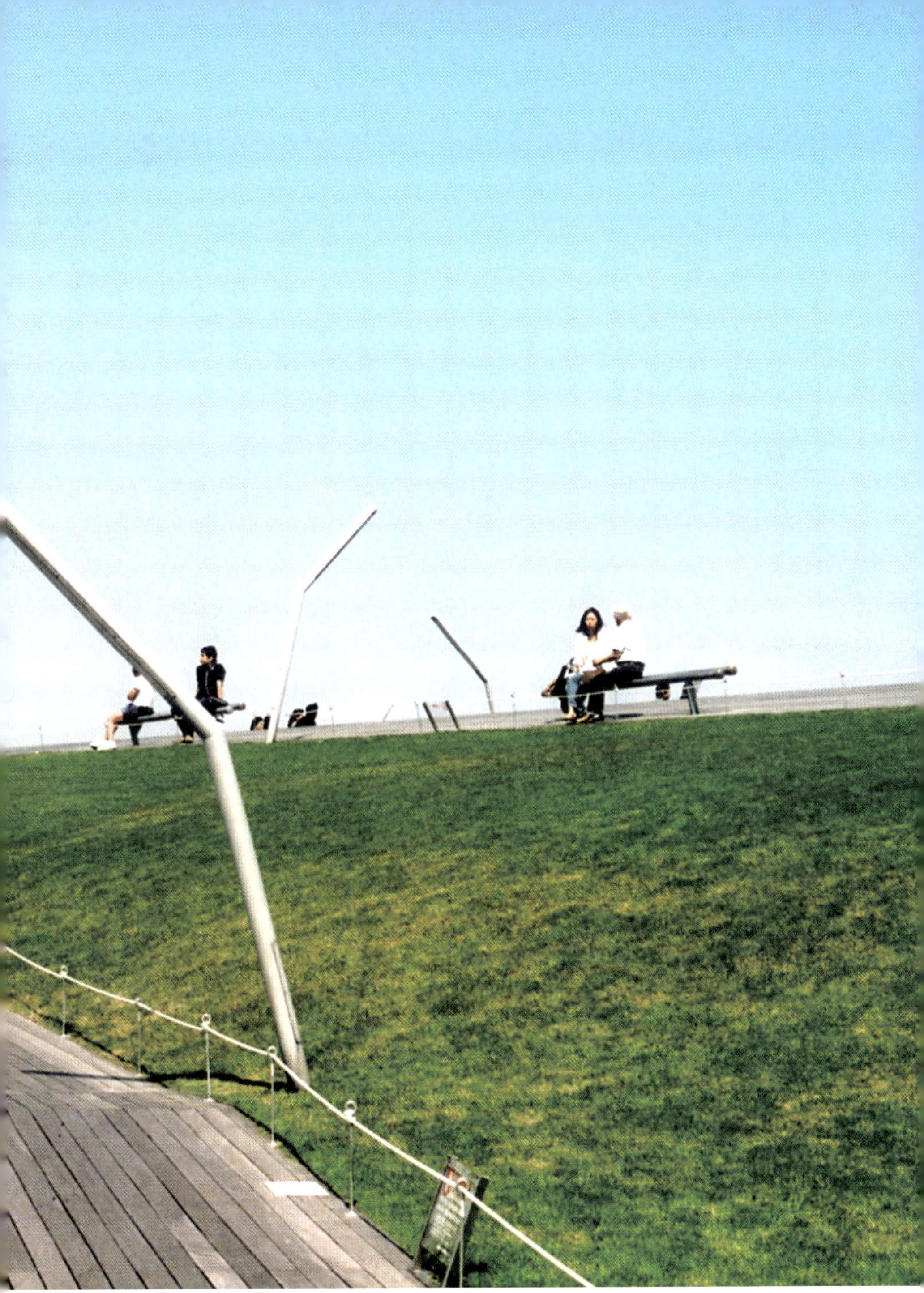

④は技アリな1枚。多分、この建物の大きさが都市のスケールと対比し得るということを表現するために、あえてシルエットになるまで待って撮ったんでしょう。都市との奥行きが縮まりましたね。⑤は単なる情景描写にならずに、この建築の特性みたいなものとそこにいる人をすごくうまくとらえていますね。まわりを完全にトリミングしていて、静か

な音みたいなものを感じる写真。⑥は⑤とだいたい同じところを撮っているんだけど、こちらのほうは余白感みたいなものをうまくつかまえていますね。⑦はすごくたくさんの光が映り込んでいるところまでよく撮れています。形じゃなくて光の反射によって、この建物のもっている独特のうねった形が表されている。

課題 4 空間レポート

いい空間を知らない（体験したことのない）人にいい空間はつくれません。たくさんの空間を体験し、その中からみなさんが「いい」と思う空間を選んで、レポートしてください。実際に見てきたからこそ気づいた視点やおもしろさを第三者が理解できるように、ビジュアル（パネル）とスピーチ（3分）で「どのようにいいのか」をプレゼンテーションすることが課題です。

〈製作するもの〉
A0サイズ（1,189×841mm）にレイアウトしたパネル1枚＋3分間のオーラルプレゼンテーション（口頭発表）
※理科大の授業では、この課題は「4人1組になってグループワークをする」「全員がプレゼンテーションを体験する」というふたつのトレーニングをかねています。友だち数人の前でもいいので、「短い時間でビジュアルを用いて発表する」という体験をしてみるといいでしょう。

〈用意するもの〉
カメラ／スケッチブック／コンベックス／歩きやすい靴／ハレパネ／できればノートパソコンなど

〈製作期間〉
60日程度

進め方

❶建築マップなどを参考にして、10カ所の建築や空間を見学に行きましょう。その際は「建築見学の心得」（50頁）を必ず守ってください。

❷おもしろかった建築については、建築雑誌などで基礎情報を入手しましょう。建築名・設計者・完成年・場所・用途・図面（雑誌に掲載されているもの）は必須で、さらに設計者によるコンセプト文や、第三者による解説文なども集めましょう。ただしこれらの情報は自分が建築を理解するために集めるのであって、これらを編集してレポートをつくっても意味がありません。

❸何回も足を運んで「どこがいいか」を仲間や先生と議論し、「いい」を共有しましょう。ただ「いい」ではなく、空間の状態を表現する言葉を見つけることがポイントです。

❹よさを伝えるために必要な写真やイラストなどを用意して、ビジュアルなパネルを作製しましょう。これはレイアウトの訓練でもあります。見やすくてかっこよく、伝わりやすいレイアウトを目指しましょう。

A判の紙の規格寸法

A0	1,189 × 841 mm
A1	841 × 594 mm
A2	594 × 420 mm
A3	420 × 297 mm
A4	297 × 210 mm

❺プレゼンテーションは3分間です。原稿をつくり、練習をしましょう。友だちと集まって時間を計りながら、お互いにプレゼンテーションしてください（60頁「TOPIC：オーラルプレゼンテーションの極意」参照）。

・このレポートは「建築紹介」ではありません。すべてを説明する必要はありません。
・いいと思った空間にはできるだけ長い時間滞在して、周囲を観察してください。
・「いい」空間を生み出しているものが何なのかを発見していくと、説明ができるようになります。たとえば「光が美しく、さらに変化がある」「緊張感のある細部のディテール」「思いがけない素材の使い方」「まちとのかかわり方」など。
・行ったことのない人に空間の様子を伝える手法として、歩きながら撮影する連続写真や一定時間ごとに同じ場所を撮影する定点写真などは効果があります。

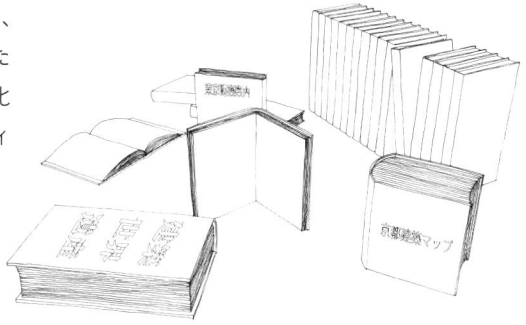

クリエイティビティが
あるものの見方をしよう

　どうしたら考えていることのエッセンスが人に伝わるか、そういうコミュニケーション能力は、建築家になるためにはすごく大切です。この「空間レポート」の課題は、そのエクササイズだと思ってください。多くの建築はできあがったあとにはアマチュアの人びとが利用しますから、そのときに必要なメッセージのキャッチボールの練習になるはずです。

　ここでは、まずレポートに値するものをさがし出してもらいます。最初は10の建築作品。建築作品といっても、設計者の名前のわかる近代の作品だけじゃなくて、近代以前のものがあってもかまいません。あるいは、難しいので推奨はしませんが、素晴らしい庭園なんかが入ってもかまわない。

　これがいいんじゃないかと思ったら、建築雑誌のバックナンバーを調べましょう。建築作品は一部の例外を除いて、作品集より雑誌に発表されたときに一番密度の高い情報があります。同じ作品でも、違うメディアでは違ったスポットライトが当てられます。日本のAとBという雑誌と海外のCという雑誌で、その作品がどういうふうに紹介されてきたのかを調べます。それに対して、「いやいや違う。なんでこういうふうに見ないんだ」という視点からレポートしてみるのもいいでしょう。

　最終的にノミネートした候補に対しては、いろんな天気の日や時間に、何度も何度も足を運んでみてください。3回くらい行ったらつまらなくなるようなものをターゲットにしても、全然意味がありません。それに、人間はその人が意識化できている以上のものはなかなか見えません。逆に言えば、意識することによって見えてくるものの深さや広がりが変わってきます。初めはなんだかよくわからないと思っていたのに、何度も行っているうちに気づきがいっぱい発生したら、この課題をやったかいがあるというものです。

　この「空間レポート」では、通り一遍にその建築作品を要約しても仕方がない。

そうじゃなくて、「この建築ってそういうことだったのか」と、みんなが思うような何かを見出すことが求められています。そういうクリエイティビティがあるものの見方ができることはすごく大事だし、『空間練習帳』をやったけど建築家にはならなかった人にとっても、あとでこの課題はすごく生きてくると思います。

伝えたいことが固まったら、それをA0のパネルに表現して、まわりの友だちにプレゼンテーションしてみましょう。あなたが発見だと思っていたことが、実際に伝わるかどうかも重要です。たとえうまく伝わらなくても、そこでギャップを感じることが、建築家としてのコミュニケーションのトレーニングの第一歩なのです。

TOPIC エスキスの進め方

この『空間練習帳』は、課題を進めながら自分ひとりで空間のトレーニングができる本になっていますが、大学などの学校の課題では、指導してくれる先生と対話しながら自分の案を練っていくことがほとんどです。これをエスキスと言います。エスキスを空回りさせないためにはいくつかの極意があります。

まず、対話はビジュアルに行うこと。エスキスは悩み相談室ではないので、その場でいっぱいしゃべられても、案は少しも進みません。頭に浮かんだことを他人が見てもわかるように、ビジュアライズする。模型でもいい、スケッチでもいい、完成度の高さは必要じゃありません。自分の興味を視覚的に相手に伝えられれば、先生は的確で具体的なアドバイスを返してきます。これが建築家同士の会話です。

そして、エスキスのアイデアはたくさん考える。最初からひとつに絞るのではなく、いろんな可能性をさぐってください。エスキスを繰り返すうちにひとつの方向に案が収斂し、より具体的になります。おっくうがらずどんどん手を動かすことが、いい最終案への近道です。

最後に、人のエスキスも見て聞くこと。同じテーマでも、ほかの人がやるとこんなにも発想が違うのかと思うはずです。その発想の広がりを実感できるのは、学校というところのすごくいい点なのです。

TOPIC オーラルプレゼンテーションの極意

　建築家という職業は、ほかの人に共感してもらえないと仕事を始められません。そのためには、案をつくって、相手にそれを見せて、その人たちの前で、この案がどんなに素晴らしいかということを言わなくてはいけません。

　そのときのポイントはいくつかありますが、具体的にやることは極めて簡単です。ひとつ目は、結論から言う。ふたつ目は、メモを読まない。3つ目は、その場にいる全員と視線を合わせる。4つ目は、相手の目を見てストーリーを臨機応変に変える。最後に、声が大きいを5つ目にしてもいい。

　臨機応変に、といきなり言われても無理ですけど、とにかくまず結論から言う。これはみなさんにもすぐにできます。説明的な情報を短い時間の中でしゃべり始めても仕方がありません。伝えたいことの一番のエッセンスから始めてください。建築家という人種は、幕の内弁当で一番好きなものから食べる人じゃないと向いていないと言われています。プレゼンテーションでも、一番おいしいところをまず見せる。するとほかもおいしいんじゃないかと、みんなが期待して身を乗り出してきます。これが聞き手の反応で、お互いのコミュニケーションが重要なのです。

　いったんそういうふうに話し方を考えると、一番言いたいことが一番大きくプレゼンテーションのパネルや映像に表れてくるといった具合に、ビジュアルのつくり方も変わってきます。だから、しゃべり方を考えながらつくっている人のプレゼンボードは、ビジュアルも編集されて鍛えられています。

　もうひとつ、オーラルプレゼンテーション（口頭発表）では実際に声に出して練習することが大事です。できたら誰かに聞いてもらって、わかりやすかったか、感動したかどうかを確認してみましょう。このトレーニングをしておけば、きっとプロポーズするときだって有効なはずです。

迷子のススメ

境界なきパブリックスペース
— 内に外を生み出す —

断面図：外部と内部

光の柱 — 新しい柱のカタチ

柱とはいったいなんだろうか

彩の国 さいたま芸術劇場

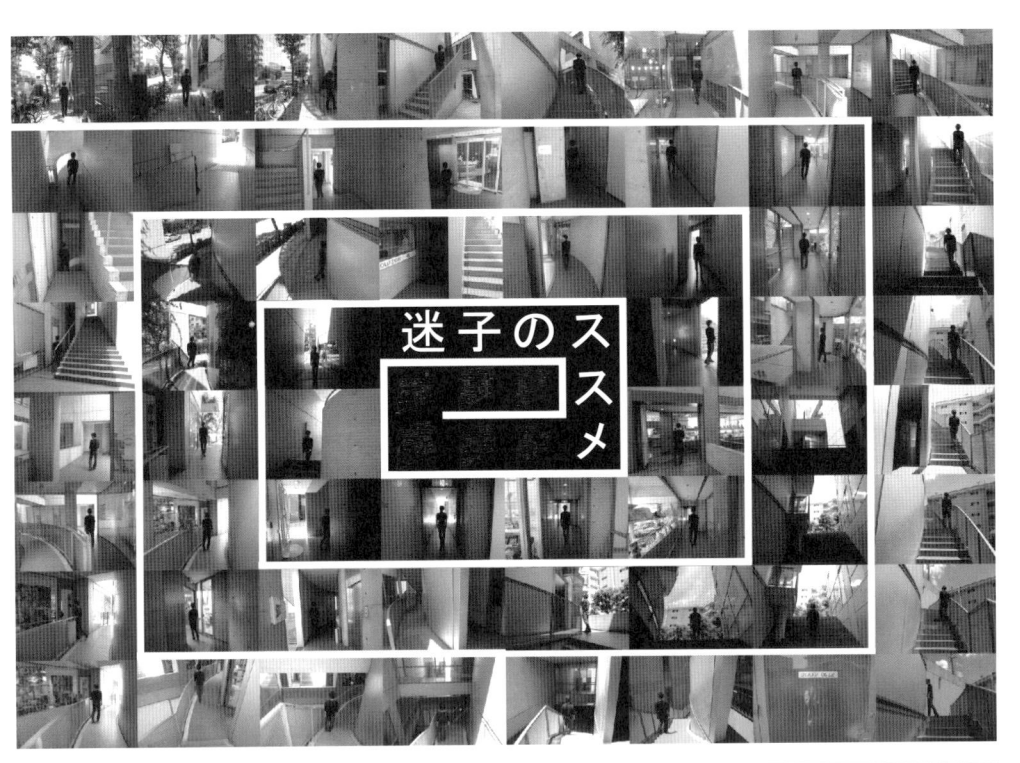

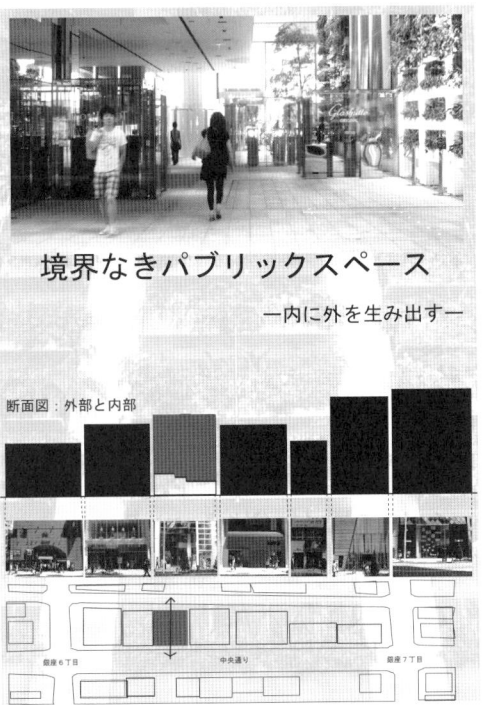

学生による「空間レポート」(上：安藤忠雄「COLLEZIONE」1989年。 下左：坂茂「ニコラス・G・ハイエックセンター」2007年。 下右：香山壽夫「彩の国 さいたま芸術劇場」1996年)

課題 5 建築ブックレット

少しでもまとまった時間がとれたら、建築やまちを見ながら旅をしてください。
そしてその記録を「ブックレット」にしてみましょう。手に取った人が
その場所へ行きたくなるようなものをつくりましょう。写真や文章、イラストなどを
かっこよくレイアウトして、キャッチーなタイトルをつけてください。
自分なりにシリーズ化して継続するとなおおもしろいでしょう。

〈製作するもの〉
ブックレット1冊
※ブックレットとは簡易な本のことだと思ってください。手づくりで簡単につくれます。

〈用意するもの〉
自分で撮った写真／スプレーのり／製本用の紙など

〈製作期間〉
60日程度

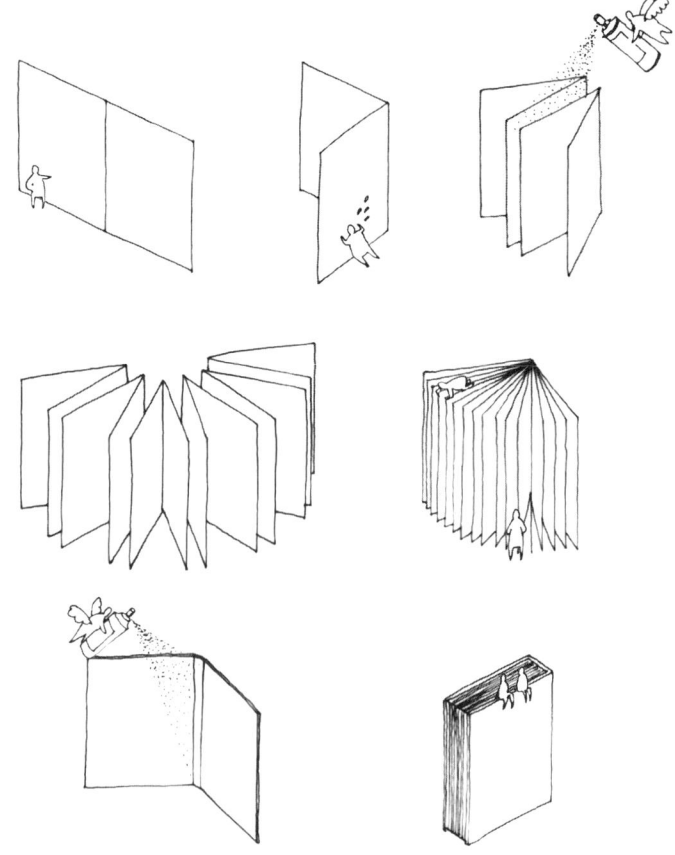

ブックレットのつくり方

ほしい！　と思わせないと始まらない

　この課題ではブックレットをつくってもらいます。ブックレットっていう言い方にあまりなじみがないと思いますが、本よりも堅苦しくなくて、手軽につくれるといった自由度のある小冊子だと思ってください。

　ブックレットはバラバラのプリントより残る感じがします。でも、もっていたいと思わないようなものではだめです。何十冊ものブックレットが集まったときに、この1冊はポケットに入れてもって帰りたいと思わせられたら、成功です。建築家の仕事は、ほしいと思わせないと始まりません。口で説得するのではなくて、人間の本能で「ほしい！」と思わせることがちゃんとできる人は、建築家になってもならなくても幸せな一生を送れると思います。

　次に、肝心のブックレットの中身について話をしましょう。

　建築家は自分の生まれ育ったところ、あるいは学んでいるところだけではなくて、いかにそうではない別の姿があり得るかということを求めて旅をします。そして、建築の世界ではグランツアーと呼ばれる旅があります。数十年から数百年の年月を経ても、いまだ評価に耐えている建築を見に行く旅をそう呼びます。ル・コルビュジエも、「東方への旅」という名のグランツアーをやっています。

　この「建築ブックレット」の課題では、みなさんなりの初めてのグランツアーの記録をブックレットにしてください。グランツアーですから、たまたま話題になっているものだけではなくて、これだけは見ておかねばならないというものをどれだけ見られるか、という心構えで旅をしてみましょう。もちろん建築だけじゃなくて、そのバックボーンにあるまちや文化も大切です。

　ブックレットには撮った写真を全部入れればいいというわけではありません。捨てていった先に残るものじゃないと人には伝わらないということも、ここで学んでもらいたいと思います。そのツアーで得た体験の質や湿度や音など、普通は本に載らないようなものまで感じられたら、そのブックレットは相当なものです。

　そういう目でもう一度大きな本屋さんに行って、写真集を手に取ってみましょう。写真家の個性だけではなくて、サイズや紙だったり、印刷や製本の仕方など、

実にいろんな違いがあります。今回はブックレットが作品ですから、そういったことのすべてについて、自分はこれを伝えたいからこうしたという理由を見つけてもらいたいと思います。

　課題とは別にもうひとつ、ポートフォリオの話をしましょう。建築の世界では基本的なことですが、みなさんが進学や留学・就職をするときには、ポートフォリオが必須です。ポートフォリオは文字だけで書いた経歴書と違って、それまでにつくった「これこそは」という作品をブックレットにしたものです。それがどういう装丁になっているか、どういうページ構成で何から始まるかといったことのすべてが見られています。時系列で作品を入れただけでは、留学も就職も成功しません。強い印象を残すことのほうが大事です。留学にしろ、就職にしろ、相手にあなたをぜひほしいと思わせるようなポートフォリオにどうしたらできるかが勝負のかぎです。

　この『空間練習帳』の課題も、やっていくとみなさんのポートフォリオのコンテンツになっていくはずです。それが充実していくことが達成感になってきたら、しめたものです。

ポートフォリオの例（写真手前）。レム・コールハースの『S, M, L, XL』（写真奥）を上回る大きさと厚さ、というコンセプトでつくられたもの

学生によるブックレット

2. ライブラリー

課題 6 ピクニック

ピクニックは社交の場です。集まる、座る、飲食する、歓談するといった行為を成立させるためには多面的なデザインが必要です。また、それは社交空間であると同時に都市の中の公共空間でもあります。自分たちの存在がその場の風景をどのように変え、道行く人びとからどのように見えるのかも含めてデザインしなくてはいけません。屋外で人と過ごす空間と時間をデザインし、実際につくって体験するのが今回の課題です。

〈製作するもの〉
ピクニックの招待状／実際のピクニックを楽しむ(少なくとも3時間はその場で過ごして、さらにその様子を写真に撮りましょう)

〈製作期間〉
20日程度

進め方

❶友だちを集め、どのようなピクニックを行うかのアイデアを出しながら話し合います。

場所を選ぶ:ピクニックサイトを選びます。場所がピクニック成功の是非を握っていると言っても過言ではありません。その場所の広さ、地面や光の状態、その場所から見える風景、ほかの人たちからその場所がどう見えるかなどを考慮して、よいサイトを見つけてください。一見ピクニックに適さないような場所でも、その特性を生かせばクリエイティブなピクニックができるはずです。既存のイメージにとらわれず、場所をさがし出してください。

集まり方を考える:何人でどのように座るか、メンバー同士の位置関係や距離を考えます。円になる、1列になる、点在する、動き回るなど、友だちと一緒に人との距離感を実感しながらスタディしましょう。また社交の場としてゲストを迎え入れやすいような形を検討しましょう。

道具を考える:料理を並べるラグや座るためのラグなど、空間を構成する道具をデザインします。簡単にもち運べて展開できるような工夫が必要です。

料理を考える:人と過ごす時間を心地よいものとし、場を華やがせ、会話を弾ませるためにはどのような食べ物や飲み物がふさわしいか考えましょう。市販品でも手づくりでもかまいませんが、容器や包装に気を配りましょう。ピクニックのテーマや時間、季節、場所などを考慮することも重要です。

その他:社交空間をつくり上げるめに必要だと思われるものもデザ

図1

インしてみましょう。たとえば服装や音楽なども考えられます。
❷ピクニックに招待する方（理科大の授業では先生方）へ招待状をつくりましょう。集まりの場を表現し、参加してみたくなるような招待状を製作してください。招待状にはピクニックサイト（場所）をわかりやすく表記しましょう。
❸ピクニックを実行します。当日は課題と思わず楽しみましょう。ピクニックの様子を写真に撮影して記録しましょう。

ヒント

・料理のアイデアから集まり方や場所までをイメージできたり、場所によって食べたい料理が変わってきたりします。統一できるテーマが決まるとスムーズにいくでしょう。
・ラグのサイズや形は、人の集まり方にダイレクトに影響します。新聞紙などを使って原寸大で試作して検証しましょう（図1）。
・芝生などは前日の天気によってコンディションが変わります（湿っぽいなど）。ラグの仕様に注意しましょう。
・料理は分けやすく、食べやすいかたちがよいです。食べ終わったあともスマートに見えるように、食器がひどく汚れるものや、くずが多く出るものは避けましょう。食器の工夫で解決できることもあるでしょう。
・あまりに統一された衣装で集まると、ゲストは入りにくくなります。適度なゆるさも必要です。

空間は出来事だ！

　この課題はほかの課題と随分趣が違って見えるかもしれません。どうしてこれが空間に関係あるのかと疑問に思う人も多いと思います。この「ピクニック」では4つのことを意図しています。場所性、コラボレーション（協働作業）、出来事性、都市を空間として意識することの4つです。

　まず場所性。「光の箱」でも「篠原一男の空間」でも「あなたの部屋を空間化せよ！」でも、床・壁・天井で囲まれた建物の中の空間に意識を集中しますが、実際の建物は必ずどこか特定の場所に建っています。そしてその場所、あるいは建物の建つまわりの環境は、大げさに言えば世界にふたつとないわけです。そういう環境をうまく読み込んで建物を設計すると、ふだん私たちが気づかないその場所のもっている豊かさを顕在化させることができます。この課題ではピクニックに選んだ場所の特性をピクニックにどう生かすかを考えてもらいます。

　次にコラボレーション。この課題は複数の人がチームを組んで行います。いろんな考え方の人が集まってアイデアを出し合うと、自分ひとりでは思いつかなかったような発想がわいてきます。実際に建築をつくるにはそれこそいろんな業種の人が大勢かかわってくるので、コラボレーション能力はとても重要です。

　3つ目は出来事性。空間は出来事の連鎖でも成り立つという視点をこの課題で会得してください。ピクニックではそこに人が参加します。テーブルやラグ（敷物）の大きさや配置によって人と人の距離や向かい方が変わります。料理がどのように置かれているかで人の動き方が違います。着ている洋服の色やカジュアルかフォーマルかでもその場の雰囲気に差が出ます。それに講師が回ってくるし、通りすがりの人が飛び入りで参加してくるかもしれません。ピクニック当日晴れるのか曇りなのか寒いのか暑いのかも影響します。さまざまな出来事に臨機応変に対応してピクニックを楽しんでください。

　4つ目は場所性や出来事性とも重なってきますが、空間は建物の中にだけあるのではなく、建物の外にある屋外空間、都市空間、公共空間も空間として意識し

てみようということです。公共空間の一部にピクニックの社交空間を設定するので、そうすることでその場の風景がどのように変わり、通り過ぎる人からどのように見えるのかもデザインする必要があります。

　ピクニックが空間と深い関係があることがわかったところで、仲間を募ってこの課題に挑戦してみてください。

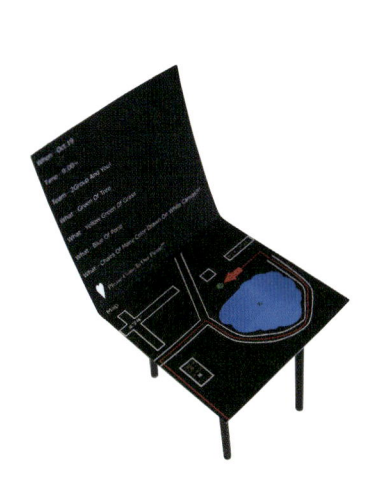

ポータブルな道具と人だけで空間を
生み出すピクニックは、建築のエッセンスだ。
素敵なピクニックができる人たちには
建築家の素養がある。

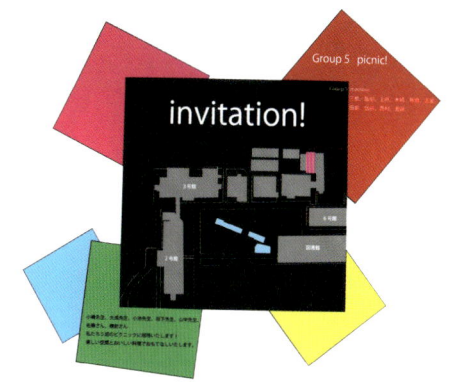

学生によるピクニックの招待状
72 〜 77 頁＝学生によるピクニックの様子

①は「桜ピクニック」。光沢のある生地の明るいピンクがグリーンと相まってきれいでした。散らばり方もいい。座っていない部分の花びらも含めて、距離の取り方が上手ですね。木の枝にぶら下げたバスケットには桜色のおにぎりとかピンク色の食べ物が詰まっていて、色もコーディネートされていました。

②は印象的な場所を発見してうまく生かした例ですね。遠目で見ると、竹の間にパラパラと人がいる感じで不思議な風景。地面にはあまり日が当たらなくて湿っぽい感じなので、食べ物を少し地面から浮かせたり、細かい配慮も効いていましたね。

③は外部空間にどうアクティビティを呼び込むかという点では成功している。この狭さなので、座るよりは立つことを奨励するような背の高い設えをわざとつくっています。方向性が強い空間なので、手前にパンがあって奥にいくとパンにのせるものが次々と出てくるというように、食べ物の並べ方にも方向性を出していました。

④は「MARBLE」っていうロゴをつくって、シールや箱のグッズも含めてデザインしています。これくらい広い芝生だと10人ぐらいの集まりではこぢんまりと見えるので、華やかな色とわかりやすい形というのはけっこう効いていましたね。服の色もちゃんと考えている。食べ物はチョコのイメージしか残っていないですね（笑）。

⑤はもち運べるバッグをひとりひとりがもち寄って広げるとラグになるというもの。アイデア倒れにならずに、セットしたときにちゃんと空間になっているところがいいですね。台の高さも2種類用意されていて、よく考えられていると思います。⑥は「根っこ」というテーマ。写真手前の木の根っこに沿ってラグを敷いて、ラグを延長するように枯れ葉を寄せ

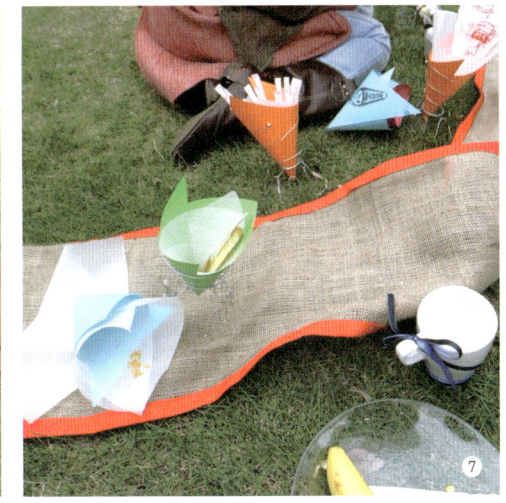

集めてランドアートみたいにしています。⑤のようにどこにでも展開できる軽さとは対照的な、環境に寄り添うタイプですね。⑦は大きいラグじゃなくて、リボン状の細い麻のきれで場をつくっています。両側に赤いエッジを縫いつけて、うねりを見せています。紙と針金でつくったお皿とのバランスもいい。

ピクニックで都市空間を
デザインする

公共空間の出来事をデザインする

　空間のデザインは、建築設計だけではありません。ここでは、都市空間に目を向けます。まちに身を置くと、単なるヒトやモノの容れ物としての都市ではなく、自分のまわりで継起する出来事と渾然一体となった空間を体験していることに気づくでしょう。だから、より豊かな出来事が起こるようなデザインであったり、ときには直接出来事をデザインすることが、空間をデザインすることだと言えます。

　都市で高密度に住んでいると、広い住宅や庭をもつことができない代わりに、集まって住むことによる便利さ・豊かさ・楽しさを享受することができます。この効果が最も端的に表れるのは、公共空間です。まちなかの広場や公園が、皆のリビングルームになったり、皆の庭になったりしていれば、そこには都市のためのよい空間が立ち現れていると推測できます。しかし、公共空間の整備はまだ不十分で、公園で言うと、東京のひとり当たり公園面積は、ロンドンの約5分の1、ニューヨークの約6分の1です。そんな貴重な公園にもかかわらず、あまり使われていないところも多い。それは、出来事のデザインができていないせいかもしれません。

ピクニック目線で都市空間を再発見する

　都市の出来事をデザインする事例として、「東京ピクニッククラブ」というクリエイターグループの活動を紹介しましょう。東京ピクニッククラブは、「picnic right（まちなかでピクニックする権利は、都市生活者の基本的権利のひとつである）」を主張し、多彩なクリエイターのコラボレーションで都市の公共空間に対する提案を行っています。メンバーには、建築家、都市研究者、グラフィックデザイナー、イラストレーター、フードコーディネーター、ランドスケープアーキテクト、照明

デザイナーなどがいます。

その多面的な活動のひとつがピクニック・フィールドワークです。東京の公園や広場や空き地を探検して、その場所性を生かしたピクニックをしてみるのです。たとえば皇居外苑は、ピクニックには最高の場所です。高級な絨毯のようにふかふかの芝生に、分散配置された植栽が落とす木陰。ここにきれいな色のラグを広げてグラスでワインを飲んでいると、何とも言えず贅沢な気分になります。日比谷野外音楽堂のコンサートをBGMに聴き、丸の内の高層ビル群を間近に眺めながら、まさに東京が自分たちの庭であるように感じるのです。その場所を取り巻く状況や出来事にピクニックという出来事を付加して、新しい空間をつくり上げていると言えます。

羽田空港に面した人工島、城南島海浜公園もユニークな場所です。飛行機が頭上をかすめ、ビルのように巨大なコンテナ船がゆっくりと横切っていく、世界とつながる現代都市を象徴するようなダイナミックな風景が広がっています。21世紀の都市に生きる私たちは、牧歌的な風景だけでなく巨大インフラがつくり出す風景を愛でるメンタリティももっているようです。この場所では、べたべたと重い潮風を和らげる発泡系の飲み物を選んだり、粗い草地でも食べ物や飲み物を安定して置けるように、道具や料理の形状を工夫します。

大切なのは、実は自分たちも空間の一部になっている、ということです。ほかの人の視点に立ってみると、足下の芝生や遠くの景色、ラグやピクニックセットや料理などとともに、私たちの振る舞いも空間を構成する重要な要素になっていることがわかるでしょう。

空間を構成するさまざまなデザイン要素

東京ピクニッククラブのメンバーが多様な分野にわたるのは、都市空間は建築家だけではつくれないからです。テキスタイルデザイナーがラグを、グラフィックデザイナーがコースターやペーパーナプキンをデザインします。フードコーディネーターはさまざまなピクニック・レシピの提案をしますが、空間とのマッチングも重視します。たとえば紅茶やビールの商品開発では、緑地で飲みたくな

3点すべて：ピクノポリス・ニューカッスルゲイツヘッド。上：タイン川沿いの広場の「マザーブレーン」。橋が上がり船が通る様子を眺めながらのピクニック。下左：ゲイツヘッドの市民公園にて。「マザーブレーン」の芝生はここから切り取られた。下右：ピクニック・コンテスト優勝者。料理は、英国伝統アフタヌーンティと日本の Sushi のコンビネーション

上：ピクノポリス・ニューカッスルゲイツヘッド。巨大彫像「エンジェル・オブ・ザ・ノース」の足下でのピクニック。下左：ピクノポリス・ヨコハマ。下右（上）：ピクノポリス・シンガポールのナイト・ピクニック。下右（下）：東京の皇居外苑

るフレーバーと、ブラウンフィールド（工場跡地や港など一度開発されて使われなくなった場所）でのピクニックに適したフレーバーの2種類をデザインしました。また、ピクニックのコンセプトをわかりやすく魅力的に伝えるグッズとして、「ピクニックの心得」や、picnic rightを主張するつなぎや旗やバッグなどを制作するには、イラストレーターやグラフィックデザイナーの力が不可欠です。場所性に応じたピクニック空間の表現を伝えるには、写真家が力を発揮し、ナイト・ピクニックでは、照明デザイナーが活躍します。このように多くの分野のコラボレーションが大切なのは、ピクニックにかぎらず、都市空間でも建築空間でも同じことです。

ピクノポリス

　もう少し規模が大きくなると、ピクニックがまちづくりになることもあります。ピクノポリス・ニューカッスルゲイツヘッドはそうしたプロジェクトのひとつです。イギリス北東部、タイン川を挟んだふたつの都市、ニューカッスル・アポン・タインとゲイツヘッドは、かつて造船業などで栄えた工業都市でしたが、その後衰退し、1990年代後半になって文化都市として再生を果たしました。ピクノポリス（＝ピクニックの都市、の意味）では、10日間にわたってまちのさまざまな公共空間をピクニック・フィールドにしていきました。かつての工業用地で現在は文化施設が集まるタイン川沿いの広場には、マザープレーンと呼ばれる長さ28mの飛行機型芝生ステージを設置し、橋や船や川辺の風景を眺めながらのピクニックを実現しました。他方、ベイビープレーンと呼ばれる2mの飛行機型エアマットは数十〜100機の群になって、まちを特徴づけるような風景を巡って毎日異なる場所に現れました。たとえば、都市再生のきっかけになったアントニー・ゴームリーによる巨大彫像「エンジェル・オブ・ザ・ノース」の足下、廃業した造船ドックを見下ろす丘の牧場、若者のたまり場になっているまちの中心の広場、中小工場の集まる谷間の鉄道橋の下、ヴィクトリア時代からの市民公園（ここから、マザープレーンの芝生を切り抜きました）、といった具合です。

　最終日にピクニック・コンテストを行うと、まちの人たちはそれぞれがその場所を楽しむための工夫を凝らしてきました。パーティのように賑やかなコスプレ

「ピクニックの心得」

01 ピクニックは社交である。形式張らない出会いの場と心得るべし
02 屋外の気候を活かすべきである。蒸し暑い日には涼風のナイトピクニック、
   寒い日には陽だまりのランチピクニック、適した時間と場所を見つけて楽しむべし
03 思い立ったが吉日
04 ピクニックに統一性を求めてはならない。思い思いに場を共有するゆるい集まりであるべきである
05 ピクニックにホストはない。すべての人が平等なもち寄り食事が原則である
06 ピクニックで労働を課してはならない。キャンプのような勤勉さとも無縁である
07 料理は手軽さを旨とする。しかし、安易であってはならない
08 煮炊きをしてはならない。しかし、お茶の湯だけは例外である
09 道具にこだわりをもつべし。ピクニックは生活様式の表出である
10 ラグに上がり込むのではなく、ラグを囲んで座るべし。ラグは集まりの象徴であるから
11 ピクニックに事件はつきものである。悪天候、池に落ちる、
   食べ物が鳥にさらわれるなどのハプニングに遭っても泣いてはいけない
12 ピクニックには三々五々集散すればよい。途中で帰る人を引き止めてはいけない
13 ゴミを残して帰ってはいけない
14 野営はピクニックには含まれない。ケンカをしても恋に落ちても、とりあえず帰路につくべし
15 雨降りは新たな幸いととらえるべし。楽しみのかたちはひとつではない

の若者たちもいれば、アンティークのピクニックセットで正統派アフタヌーン・ティを楽しむ老夫婦もいました。地産のチーズをテーマにしたグループや、飼い犬の誕生祝いのケーキを持参したグループもありました。ここでは、確かに都市の公共空間が皆のリビングルームであり庭でした。東京ピクニッククラブが公共空間でまちの風景を楽しむ仕掛けをデザインし、まちの人びとの集まり方・過ごし方が空間を完成させたのです。その後、ピクノポリスは、横浜、シンガポールなどでも行われています。

ピクニックの歴史

　最後に、ピクニックの歴史の中に都市との関係を見ていきましょう。ピクニックは、1802年にロンドンで生まれました。このときピクニッククラブというグループが開催した「ピクニック」は、屋内で食事をつまみながら音楽や寸劇を楽しむ集まりでした。彼らはフランス革命に影響された若者たちで、ピクニックによってイギリスの堅苦しい階級社会に自由と平等の概念をもち込もうとしたようです。ピクニックという言葉は、もともとは食事をしながら皆が話題を提供して議論をする集まりを意味していました。

　その後ピクニックは屋外に出て、大流行します。その背景は、鉄道と公園です。産業革命を牽引し近代都市を生んだイギリスは、19世紀半ばになると、産業の基盤となる鉄道網を広げ、また、都市環境の悪化に対応するため公園をつくり出しました。公園や郊外でピクニックをして人と出会い語らうことが、人びとの楽しみとなり、ブームは西欧諸国やアメリカにも飛び火しました。

　第3のブームは、20世紀の到来とともにやってきました。自動車で郊外に行けるようになったからです。この頃に、ピクニックセットが登場します。半オーダーメイドで洗練されたピクニックセットが1930年代頃までつくられ、その後食器等がプラスチックに変わってからも1960年代までは多くのセットが生産されました。ピクニックセットは、売店も自動販売機もなかった公園や緑地を社交の空間にするための道具だったのです。

　近代の都市化を背景に新たに発見された屋外空間を、生き生きとした社交空

間に転換したのがピクニックでした。200年後の現代都市でも、場所を発見し、読み取り、新たな空間としてデザインしていく術のひとつとして、ピクニックはいまだにその力を失っていません。これは、すぐにでも実践できる空間デザインです。さあ、まちへ出て、ピクニックをしよう。

1910年代にイギリスでつくられた革張りの4人用ピクニックセット。
紅茶用・コーヒー用のケトルがついており、アルコールバーナーで沸かせる。
ナイフの柄は象牙

課題 7 立方体×立方体

単純な形を正確につくる技術を学んで模型の達人を目指しましょう。
この課題では立方体とそれを入れるマスをつくります。
出し入れする際にスッと空気の抵抗だけを感じるように仕上がればバッチリです。

〈製作するもの〉
立方体とそれを入れるマス

〈用意するもの〉
B3（364×515mm）サイズの5mm厚のスチレンボード／カッター／金尺（30cmまたは60cm）／カッターマット／スコヤ／スチのりなど

〈製作期間〉
2時間程度

B3サイズ（厚さ5mm）のスチレンボードを用意して、立方体とマスの両方をつくることができるように、立方体のサイズを決めます。立方体に必要な6面を切り出していきます

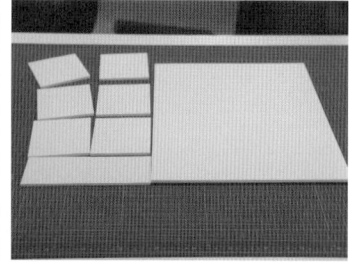

切るときは、スチレンボードとカッターの刃が垂直になるようにします。
6面を切り終えたら、組み立てます

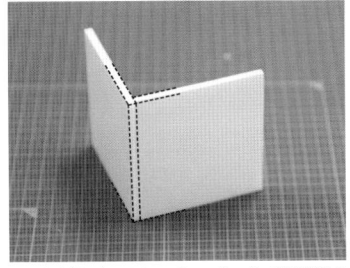

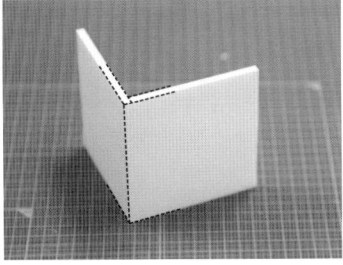

そのまま組み立てるとスチレンボードの断面が見えてしまい美しくありません（左）。
そこで、どちらから見ても断面が現れないように部材の「面取り」をします（右）

スチレンボードは発泡素材を両面からケント紙でサンドしたものです。このケント紙を1枚分残して、
各部材の端からスチレンボードの厚みの分だけ切り取ります。これが「面取り」です

ケント紙に残った発泡素材をスコヤや金尺でそぎ落とします。
力みすぎてケント紙まで破かないようにしましょう

2枚は4辺、もう2枚は2辺を面取りし、残りの2枚は面取りをしません。これで立方体の部材の完成です

面取りを終えた部材をスチのりという発泡素材用の接着剤でつけていきます。
スチのりがはみ出さないように注意しましょう

組み合わせる部材を間違えないように、よく考えてつけていきましょう（左）。
これで立方体の完成です。同じ要領で、立方体を入れるためのひとまわり大きなマスをつくります。
立方体が取り出せるよう、マスの底には穴をあけておきます（右）

マスが完成したら、立方体をマスに入れてみます。
すき間なくすっぽりと納めるにはどのくらいの大きさにすればいいのか、何度も試してみましょう

強引に入れるのではなく、指で軽く押せば自然と重力で入っていくのが理想です。これで完成です

TOPIC 切る、貼る

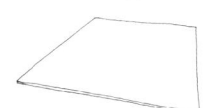

板状の材料を切って、貼ります

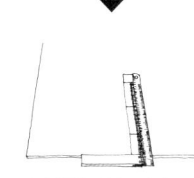

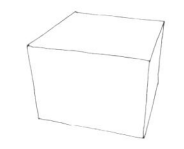

発泡素材を切って、貼ります

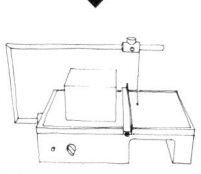

型紙を切って、貼ります

▼

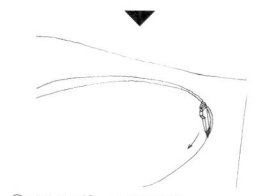

▼

▼

①スコヤを板材に合わせます

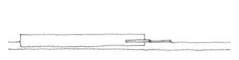

①厚すぎてカッターでは切れないので、ヒートカッターを使用します

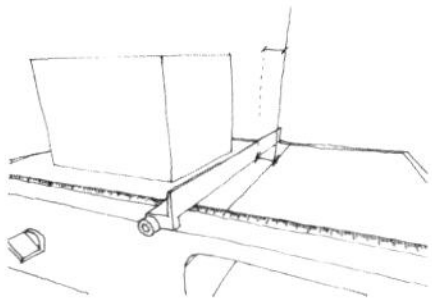

①ガイドに沿って切ります

②スコヤの厚い部分が引っかかって固定されます

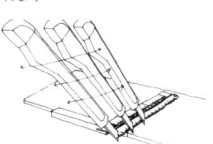

②ガイドを使って厚さを決めます

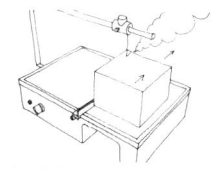

②折れ曲がらないように注意しましょう

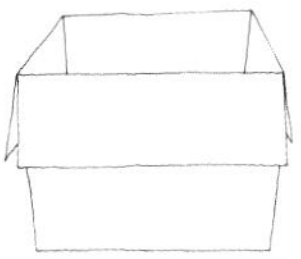

③何回かに分けてカッターで切ります

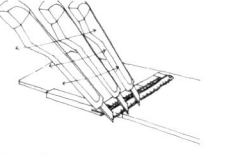

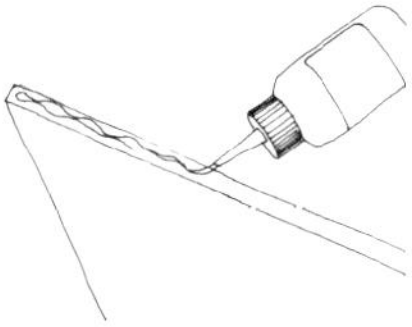

③一定の速度でスライドさせて切っていきます

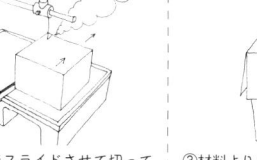

③材料よりもひとまわり大きな箱（袋でも可）を用意します

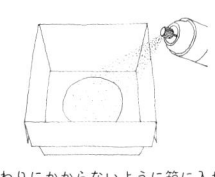

④スチのりの量に注意しましょう

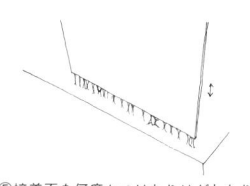

④広い面には点でスチのりをつけましょう

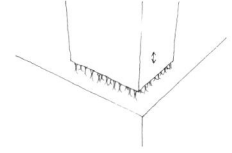

④まわりにかからないように箱に入れて、均等にスプレーのりを吹きかけます

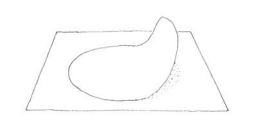

⑤接着面を何度かつけたりはがしたりすると、早く接着できます

⑤接着面を何度かつけたりはがしたりすると、早く接着できます

⑤しわができないように貼りましょう

課題 8 ザ・ウォッチャー

建築空間とまちを切り離して考えることはできません。まちは常にどこにでもあるものですが、「まちを知る」には意識して観察しなくてはいけません。まちを歩き、まちを観察して、あるテーマに沿った写真を撮ってください。1語程度の言葉を加えてイメージを補足してもいいですが、レイアウトや色、サイズには注意が必要です。

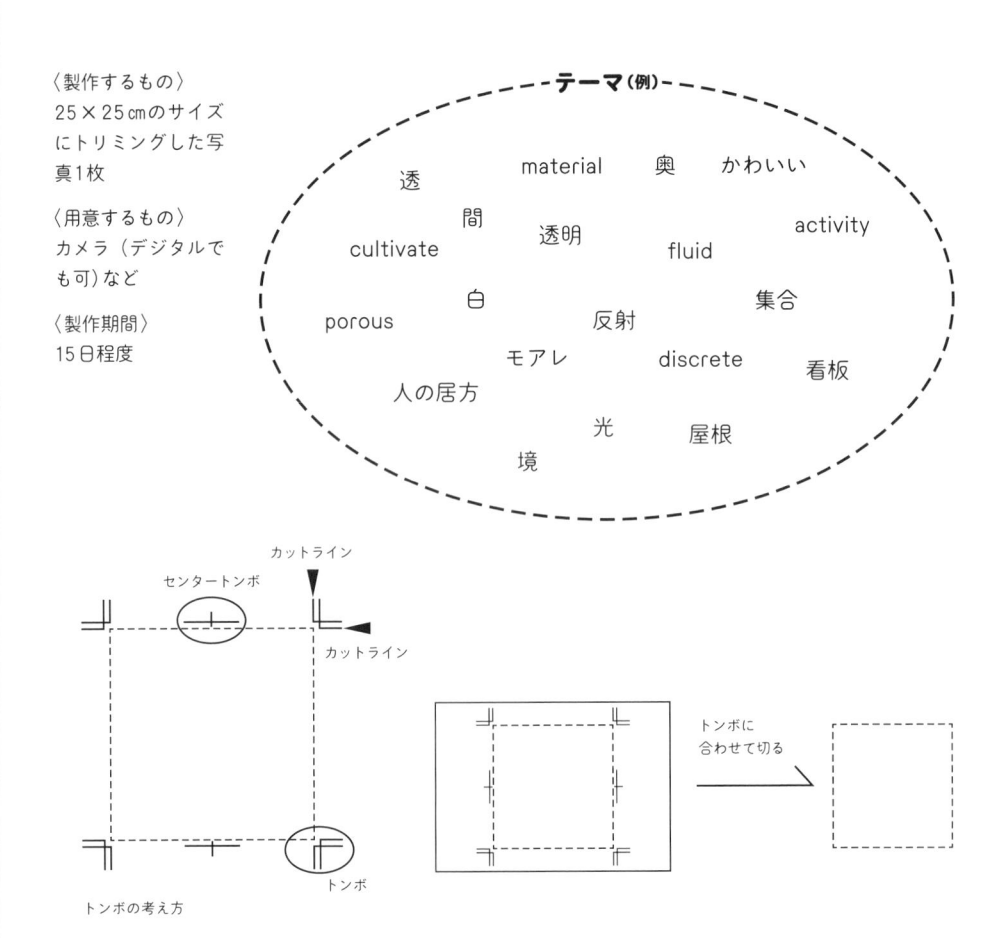

〈製作するもの〉
25×25cmのサイズにトリミングした写真1枚

〈用意するもの〉
カメラ（デジタルでも可）など

〈製作期間〉
15日程度

― テーマ（例）―
透　material　奥　かわいい
間　透明　　　　　activity
cultivate　　　fluid
　　白　　　　　集合
porous　　反射
　　　モアレ　discrete
人の居方　　　　　看板
　　　　光　屋根
　　境

トンボの考え方

カットライン
センタートンボ
カットライン
トンボ

トンボに合わせて切る

まちへ出かけよう

　みなさんはいつもまちを歩いていますが、多くの場合、まちは目的地に行くための通過場所でしかありません。だからまちそのものをじっくり観察したことはあまりないのではないでしょうか。この課題では、まちに出かけて、あるテーマに沿って写真を撮ってもらいます。まちをじっくり見回してみると、これまでとは全然違ったまちが姿を現すかもしれません。

　たとえば「アクティビティ」というテーマ。まちの中ではいろんな活動が行われていますし、目に見える人の集まり方や流れ方を「アクティビティ」ととらえることもできます。人がいなくても、そこで人がこういうふうに活動するんじゃないかとイメージできるような痕跡が見出されるかもしれません。そうすると、これまで意識していなかった何気ない空間の中にも、アクティビティと空間の結びつきを読み取れるのではないでしょうか。

　それを写真に撮ってもらうわけですが、どうしてそれがテーマに合っていると思ったのか、自分の意図が伝わるような写真にしてください。そこでこの課題では、ふだん見慣れた長方形の写真の図柄を「トリミング」して、25×25cmの正方形の「裁ち落とし」の写真にしてもらいます。写真の図柄から自分の意図にそぐわないものを切り取ることをトリミング、まわりに余白がない状態を裁ち落としと言います。余白があると額縁と同じ効果で、写真がカチッとします。一方、裁ち落としだと、その外側にまで広がりが感じられると思います。裁ち落としをするときに、前頁の図のように「トンボ」を使うとうまくいきます。場合によっては、自分の意図を想起させるような短い言葉を写真に入れてもかまいません。

　テーマを決めたらカメラを手にまちへと繰り出して、ふだんとはちょっと違ったまちを体験してみましょう。

92〜93頁＝学生による「ザ・ウォッチャー」の写真

間		
屋根		
アクティビティ		
マテリアル		

93

課題 9 篠原一男の空間

建築家・篠原一男の住宅作品からひとつを選び、その住宅の主空間を1/20の模型でできるだけ忠実に再現します。篠原の住宅には「空間」が力強く存在します。この課題の趣旨は住宅のプランニングを学ぶなどということではなく、自分自身で模型をつくりながら篠原一男の空間に肉薄することです。もちろん図面を相手にするのも初めてなら、正確なスケールで再現的な模型をつくるのも初めてですから、先入観にとらわれず試行錯誤してください。発表された写真に表れている空間の要素を観察し、読み取って、1/20の世界に投影するセンスも磨きます。

〈製作するもの〉
1/20の内観模型

〈用意するもの〉
住宅作品の資料（雑誌・本のコピー）／三角スケール／製図用具／A1サイズの製図用紙／カッター／スプレーのり／スチのり／両面テープ／模型材料など

〈製作期間〉
45日程度

対象とする住宅（推奨）

白の家／地の家／未完の家／直方体の森／同相の谷／海の階段／東玉川の住宅／成城の住宅／谷川さんの住宅／上原通りの住宅／上原曲り道の住宅／ハウス イン ヨコハマ／愛鷹裾野の住宅／花山第3の住宅／から傘の家

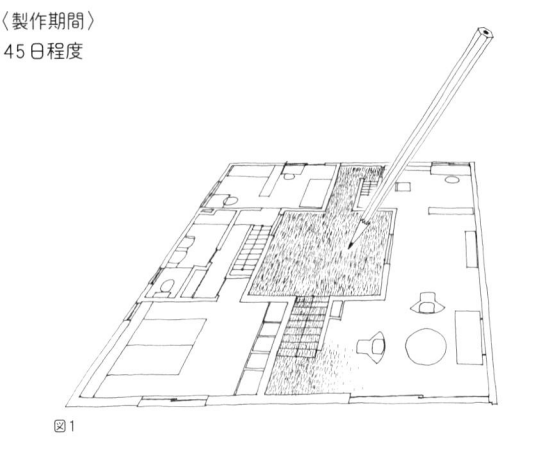

進め方

❶住宅作品をひとつ選びます。

❷主空間を把握します。平面図をコピーし、空間的につながっているエリアをすべて色鉛筆で塗ってみましょう。ドアがあればそこを境界とします（図1）。

❸1/20の平面図を作図します。拡大コピーだと精度が悪くて模型の型紙にするのは無理です。頑張って自分で製図してみましょう（手描きでもCADでも可）。

❹平面図と資料をもとに展開図（内側の壁を立面的に見た図。ドアや窓など見えているものを記載する）を作図して、模型の型紙をつくりましょう（図2）。

❺型紙をもとに、段ボールや5mm厚のスチレンボードなどを使って空間の骨格を切り出します。

❻組み立てる前に床や壁の素材のスタディをします。写真をよく観

図1

図2

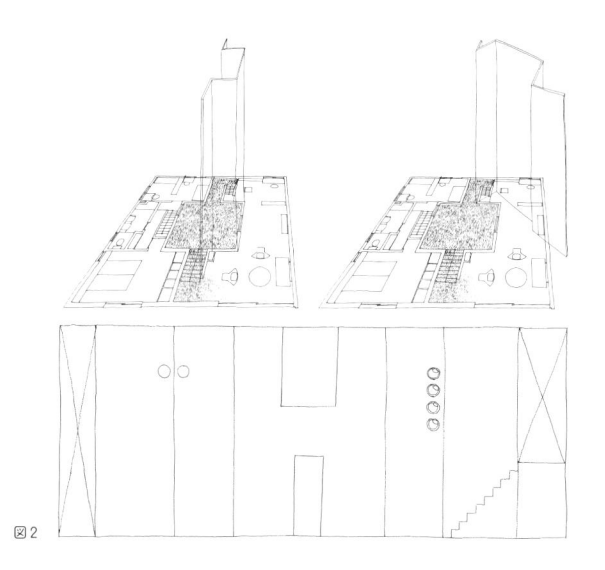

察し、どんな素材が実際の材料に近く見えるのかを検討しましょう（96頁「TOPIC：素材を集める」参照）。
❼素材を貼った部材を組み立てて模型を作製します。水平・垂直に注意し、ていねいに固定していきましょう。ここでのディテールが最終的な空間に影響します。
❽実際の写真のようなアングルで内部をのぞくために、のぞき穴をあけます。開口部からのぞける場合は必要ありません。
❾写真にある家具や照明も重要なアイテムです。効果的に配置しましょう。
❿光の状態をリアルにするために、スチレンボードなど光が透ける素材は外からアルミホイルなどで覆います。段ボールではその必要はありません。

ヒント

・篠原一男の図面は説明的ではありません。図面だけではわからないことも多いですから、写真を見て想像してください。
・模型に使う素材は机の上ではなく模型の中に置いて、太陽光の下で検証しましょう。
・1/20に縮小するので、すべてを再現しようとすると過剰な印象になります。適度に間引くことも必要です。
・家具のサイズを間違えると空間のスケールが狂います。椅子の高さ（実寸でだいたい40cm）、テーブルの高さ（実寸でだいたい70cm）など、身体的なサイズを理解して外さないようにしましょう。

TOPIC 素材を集める

　模型の材料には、これを使わないといけない、という決まりはありません。自由な発想で自分なりの素材を見つける、これも大事なデザインです。選ぶ素材で模型の雰囲気、空間も変わります。いわゆる模型材料売り場にこだわらず、いろいろな用途の売り場、お店での素材集めをおすすめします。自分がどんな雰囲気のものをつくりたいかを考え、楽しみながらさがしましょう。

　同じ建築物の模型でも、縮尺が1/20なのか1/100なのかによって、ふさわしい材料は違ってきます。特にフローリングやコンクリートといったような素材感を表現する際には検討が必要です。それでは具体的に、何をどんな素材で表現したらいいのかを、いくつか紹介しましょう。

〈壁や床など、面的なものを表現するには〉
・スチレンボード、スチレンペーパー：白く、あまり質感の主張がないため、抽象的な印象です。光を通すので、光のスタディにはアルミホイルでラップするなど注意が必要です。
・段ボール：安価で、光を通しません。よく目にする茶色だけでなく、黒や白もあります。
・塩化ビニール板、プラスチック板、アクリル板など：ガラスを表現したい、半透明にしてやわらかい光を取り込みたいなどといった希望に応えてくれます。

〈柱的なものを表現するには〉
・プラ棒、アクリル棒、木の棒：さまざまなサイズがあるため、対応範囲も広くなります。
・ストロー、ホースなど：太さのバリエーションは少ないけれど、スケールに合うサイズがあれば安価に大量に入手できます。

〈素材感を表現するには〉
・質感や色のある紙、布、バルサ材、塗料、ジェッソ、紙粘土など：壁のクロス、床のフローリング、コンクリート、モルタルなどを表現することができます。土を表現するのに、コーヒー豆をひいた粉を使用した人もいました。何を転用するかは、みなさんの腕の見せどころです。

篠原一男の住宅について

　『空間練習帳』の中で初めて建築家や図面が登場するのが、この「篠原一男の空間」という課題です。

　篠原一男は、1925年に静岡県に生まれ、2006年に亡くなりました。数学を学んでいたのですが、第二次大戦末期に和辻哲郎の『古寺巡礼』を読み、終戦直後、奈良や京都の寺を巡っていたそうです。唐招提寺に来たとき小雨がとぎれ、光が差して、金堂の大きな甍が鈍色に輝く波のうねりのように見え、感動して立ち尽くしたそうです。それが自分と日本建築の最初の出会いだったとある本で書いています。

　それからしばらくして、彼は東京工業大学の建築学科に入学しなおしました。卒業後は母校の先生をしながら、主に住宅を設計し、生涯で38の住宅を実現しました。篠原一男の住宅は普通の意味でのモダンリビングでもないし、快適だから評価されるという類の住宅でもありません。篠原一男は住宅こそが建築であり空間であるということを一貫して追究してきた建築家です。だから彼がつくった空間は、実際は小さくても大きく感じるし、素晴らしい空間の質があります。これは口で言わなくても、実際にこの課題を終えてみれば、あるいはその次の「あなたの部屋を空間化せよ！」という課題を続けてやってみれば、身体的にわかります。

　この「篠原一男の空間」の課題では、38の実作の住宅の中からひとつを選び、「光の箱」でやったのと同じことをやります。「光の箱」では、20分の1でみなさんが思い描く空間の質をつくってもらいました。今度は同じ20分の1で、篠原一男の住宅の空間を模型で再現します。

　ところが篠原一男の場合、これは言葉で言うほど簡単ではありません。というのは彼の建築については情報がとても少ないからです。彼は自分が設計した建築を作品だと明言しています。それはもうアーティストにとっての作品と同じような作品です。作品であるからには、設計プロセスも出さないし、図面も篠原一男が許可した数少ない図面しか世の中に出回っていません。メディアに流通する

篠原一男「未完の家」1970年

写真も勝手に撮った写真なんて彼は許しません。篠原一男がサインした写真以外は出回っていません。亡くなられたあとで多少は情報が出るようになりましたが、それでも篠原一男の住宅の模型をつくるためには足りません。かぎられた写真から光を読み取ったり、空気を読み取ったりはできますが、細部のわからないところは想像するしかありません。こういう光が壁に当たるためにはこういうトップライトじゃないとだめだろうとか、そのトップライトの寸法はこれくらいだろうとか推測しながら模型をつくります。それが正しいかどうかは、僕らもわかりません。30年近く建築家をやっている僕でさえ篠原一男の住宅の実物は2戸しか見ていません。みなさんが見られるチャンスはまずありません。だから、この課題では、できた模型の中をのぞいて、実物の内観写真の空間の質にどのくらい近づいているかということでよしあしを判断します。

　たとえば篠原一男の代表作「白の家」のフローリングはどういうふうにつくればいいのか。同じ色を使ったら多分濃く見えすぎるとか、障子の桟も正しく20分の1にすると「白の家」の障子の表れ方になるのかどうか。カーペットの表現も難しいです。トップライトで言えば、「未完の家」のトップライトは単純な丸いトップライトなんだけれども、ただボードに穴をあけただけの丸いトップライトでは内部にああいう光の状態は現れません。「光の箱」でやったのと同じように何度もスタディを繰り返してその光の状態をさがすしかありません。

　言うまでもないことですが、「白の家」は多分こんなプロポーションだろうというのはだめで、正しい寸法を図面から拾い出して、その寸法をもとに20分の1の模型をつくってください。家具などは、参考にしている写真に写っている家具を全部つくる必要はありませんが、篠原一男の空間が現れるためにぜひとも必要な家具や照明は省略せずにきちんとつくり込みます。

　ところでこの課題ではなぜ篠原一男の住宅にこだわるのかと思う人もいると思います。実際僕らも、ほかの建築家でもこの課題がやれるのではないかと随分検討しました。でも「ル・コルビュジエの空間」でも「フランク・ロイド・ライトの空間」でも「アルヴァ・アアルトの空間」でも無理です。篠原一男だけがこの課題に適任なんです。というのは、篠原一男は38の住宅のどれをとってみて

篠原一男「ハウス イン ヨコハマ」1985年

も空間に力があります。ル・コルビュジエにいくつそんな住宅があるのか。ルイス・バラガンでふたつか3つです。篠原の住宅は質、量ともにほかの建築家を圧倒しています。篠原一男の平面の描き方は世界中に広まっていますし、建築空間の写真の撮り方も篠原流の作法が定着しています。スイスのETHという大学ではいまでも篠原研究を死にものぐるいでやっている人たちがいます。2010年のヴェネツィア・ビエンナーレ国際建築展では、彼は死後にもかかわらず特別記念金獅子賞を受賞しました。このように彼の空間は、没後も世界の建築界に強い影響を及ぼしています。だから篠原一男を20分の1でつくれば、篠原以外のいろんな住宅の20分の1は簡単につくれます。篠原一男に比べて空間の情報量が少ないとか言語化しやすいとか、つくってみればすぐにわかります。

　この課題がうまくできたときに初めてわかることがあります。外側は、相変わらずアルミホイルでラッピングされたようなゴミのような箱ができてくるわけですが、鮮やかにつくれたときは、外から中をのぞき込んだとたんに、そこに原寸の空間を見ているような錯覚が起こります。20分の1の模型だから20mの距離は1mの距離感しかないはずなのに、うまくいくと20分の1の模型でも20mの距離感が感じられます。だから実物の距離感を模型で実現するための想像力がこの課題では大事です。図面どおりにつくって終わりというのではなくて、つくってはのぞき、のぞいてはつくって、写真に現れている空間の質に近づけていく作業が重要です。その結果として、100人がつくれば数人は本物のレベルに到達できます。それを見ればほぼ全員がなるほどと納得せざるを得ません。それがスライドスケッチの課題とは違った意味での眼の鍛え方になると思います。

篠原一男（しのはら かずお）

- 1925　静岡県生まれ
- 1953　東京工業大学建築学科卒業、同年図学助手
- 1962　東京工業大学助教授
- 1970　東京工業大学教授
- 1984　イェール大学客員教授
- 1986　東京工業大学名誉教授、同年篠原アトリエ設立、ウィーン工科大学客員教授
- 1988　アメリカ建築家協会名誉会員
- 2006　死去

著書・作品集

『住宅論』鹿島出版会、1970
『続住宅論』鹿島出版会、1975
『篠原一男』TOTO出版、1996
『超大数集合都市へ』ADA、2001
『篠原一男 住宅図面』篠原一男住宅図面編集委員会編、彰国社、2007

追悼文

「日本現代建築の定点が失われた」磯崎新
「比類なき緊張の空間を求め続けて」坂本一成
「35年の歳月」長谷川逸子
「追悼　篠原先生」西沢大良
（以上、すべて『新建築』2006年9月号所収）

住宅作品

- 久我山の家（1954）
- 久我山の家 その2（1958）
- 谷川さんの家（1958）
- 狛江の家（1960）
- 茅ヶ崎の家（1960）
- から傘の家（1961）
- 大屋根の家（1961）
- 土間の家（1963）
- 花山北の家（1965）
- 朝倉さんの家（1966）
- 白の家（1966）
- 地の家（1966）
- 花山南の家（1968）
- 山城さんの家（1967）
- 鈴庄さんの家（1968）
- 未完の家（1970）
- 篠さんの家（1970）
- 直方体の森（1971）
- 同相の谷（1971）
- 海の階段（1971）
- 空の矩形（1971）
- 久ヶ原の住宅（1972）
- 東玉川の住宅（1973）
- 成城の住宅（1973）
- 直角3角柱（1974）
- 谷川さんの住宅（1974）
- 軽井沢旧道の住宅（1975）
- 糸島の住宅（1976）
- 上原通りの住宅（1976）
- 花山第3の住宅（1977）
- 愛鷹裾野の住宅（1977）
- 上原曲り道の住宅（1978）
- 花山第4の住宅（1980）
- 高圧線下の住宅（1981）
- 東玉川コンプレックス（1982）
- ハウス イン ヨコハマ（1985）
- ハネギ・コンプレックス（1988）
- テンメイ・ハウス（1988）

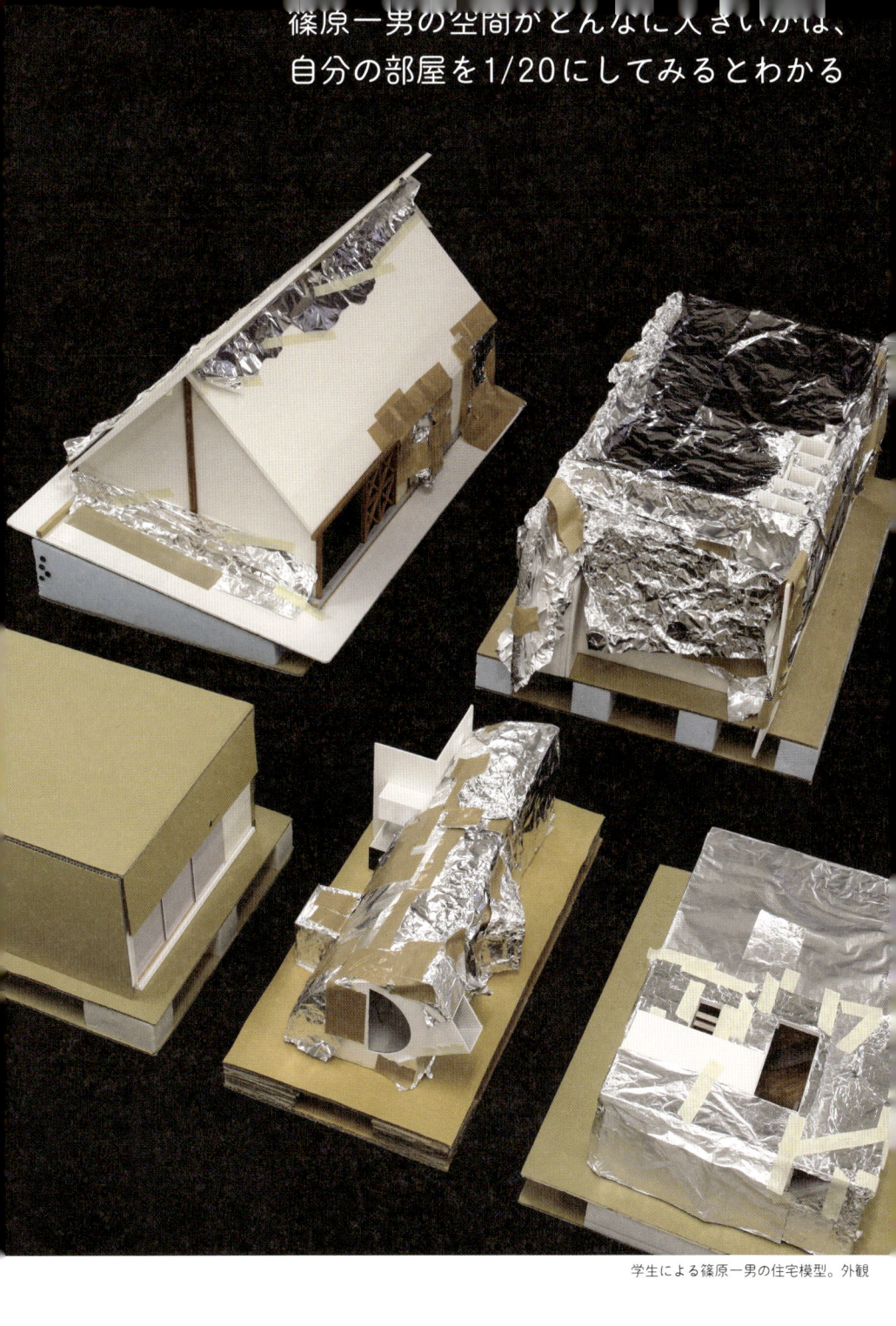

篠原一男の空間がどんなに大きいかは、
自分の部屋を1/20にしてみるとわかる

学生による篠原一男の住宅模型。外観

篠原一男「白の家」1966年

学生による「白の家」模型。内観

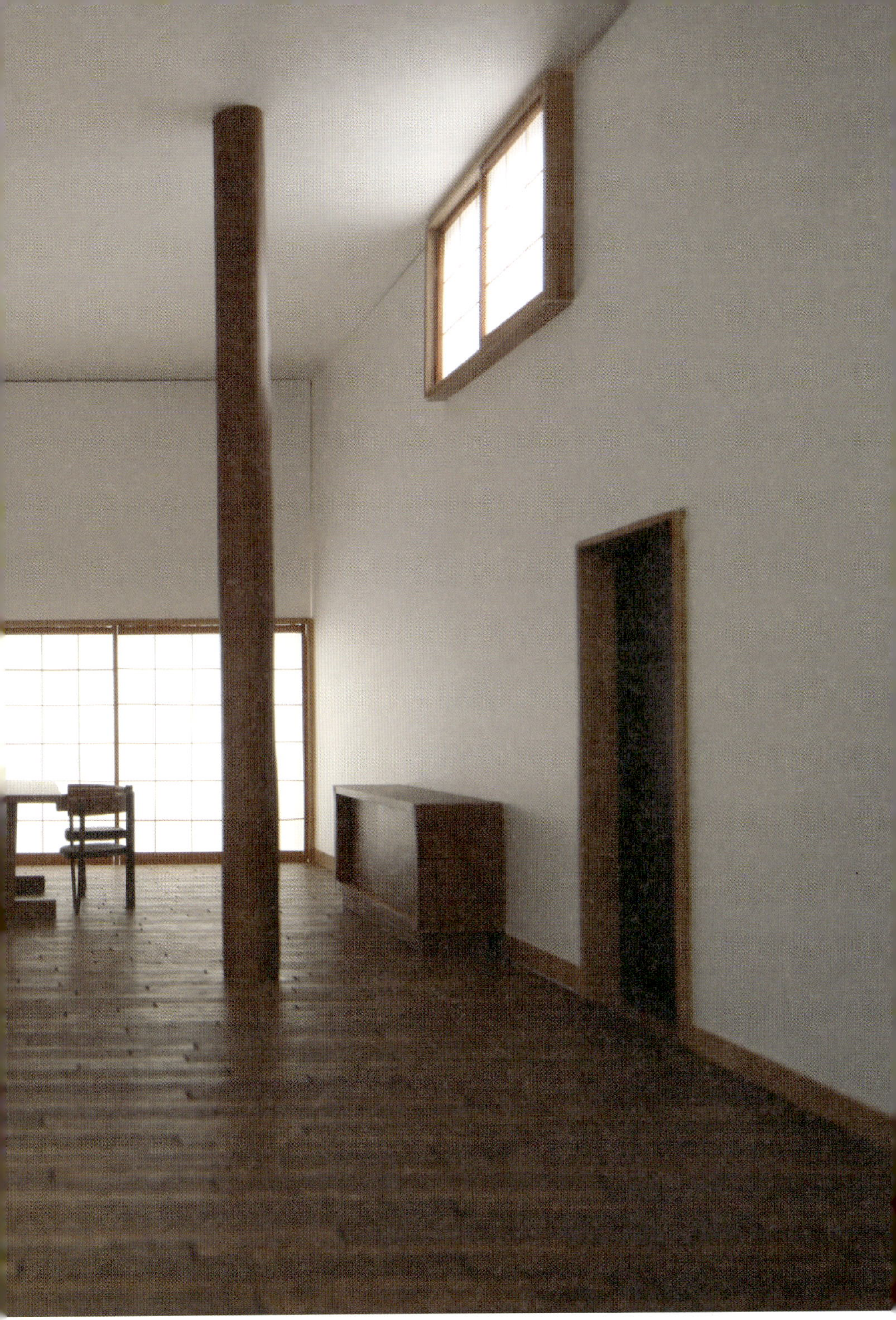

篠原一男「谷川さんの住宅」1974年

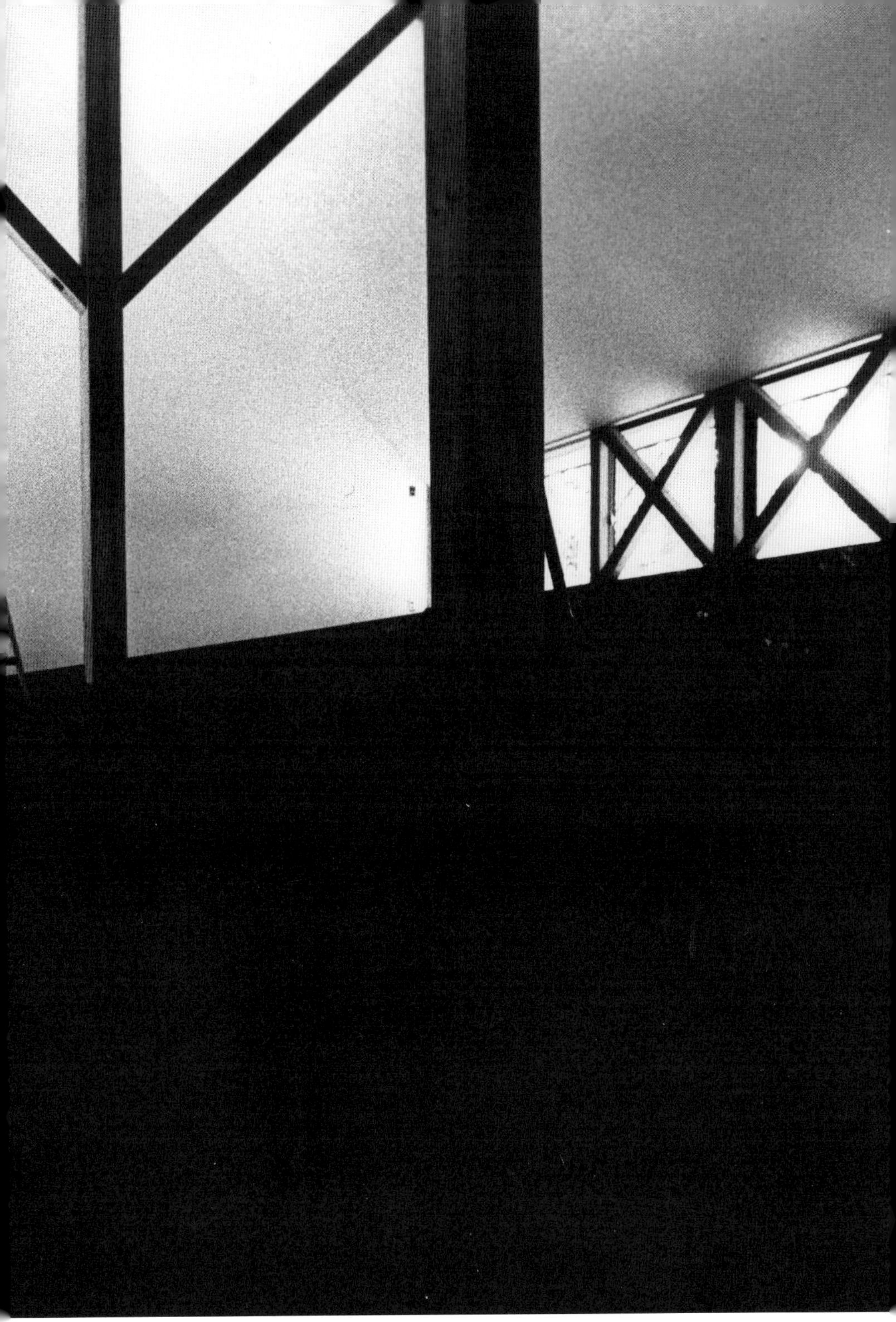

学生による「谷川さんの住宅」模型。内観

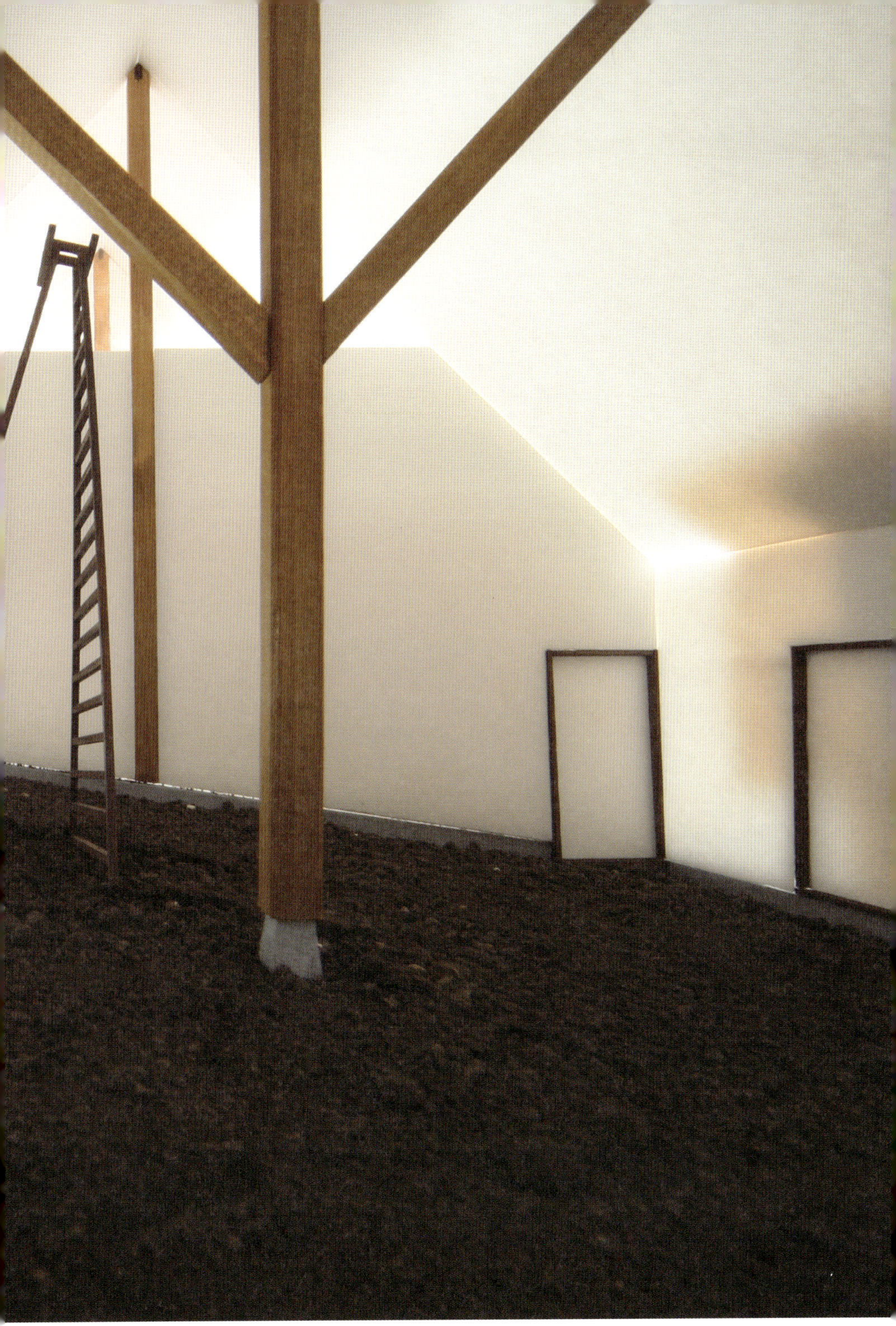

篠原一男「上原通りの住宅」1976年

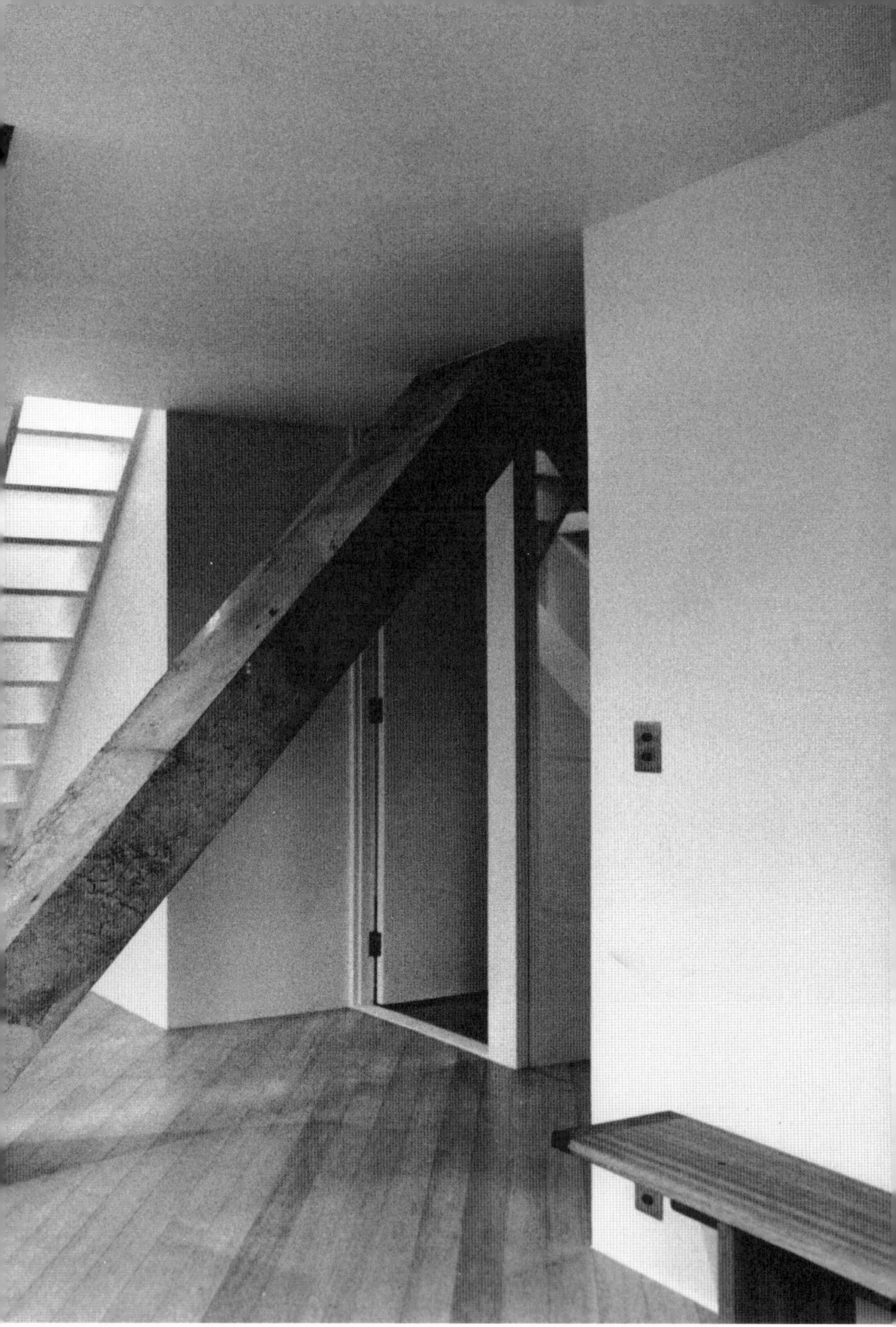

学生による「上原通りの住宅」模型。内観

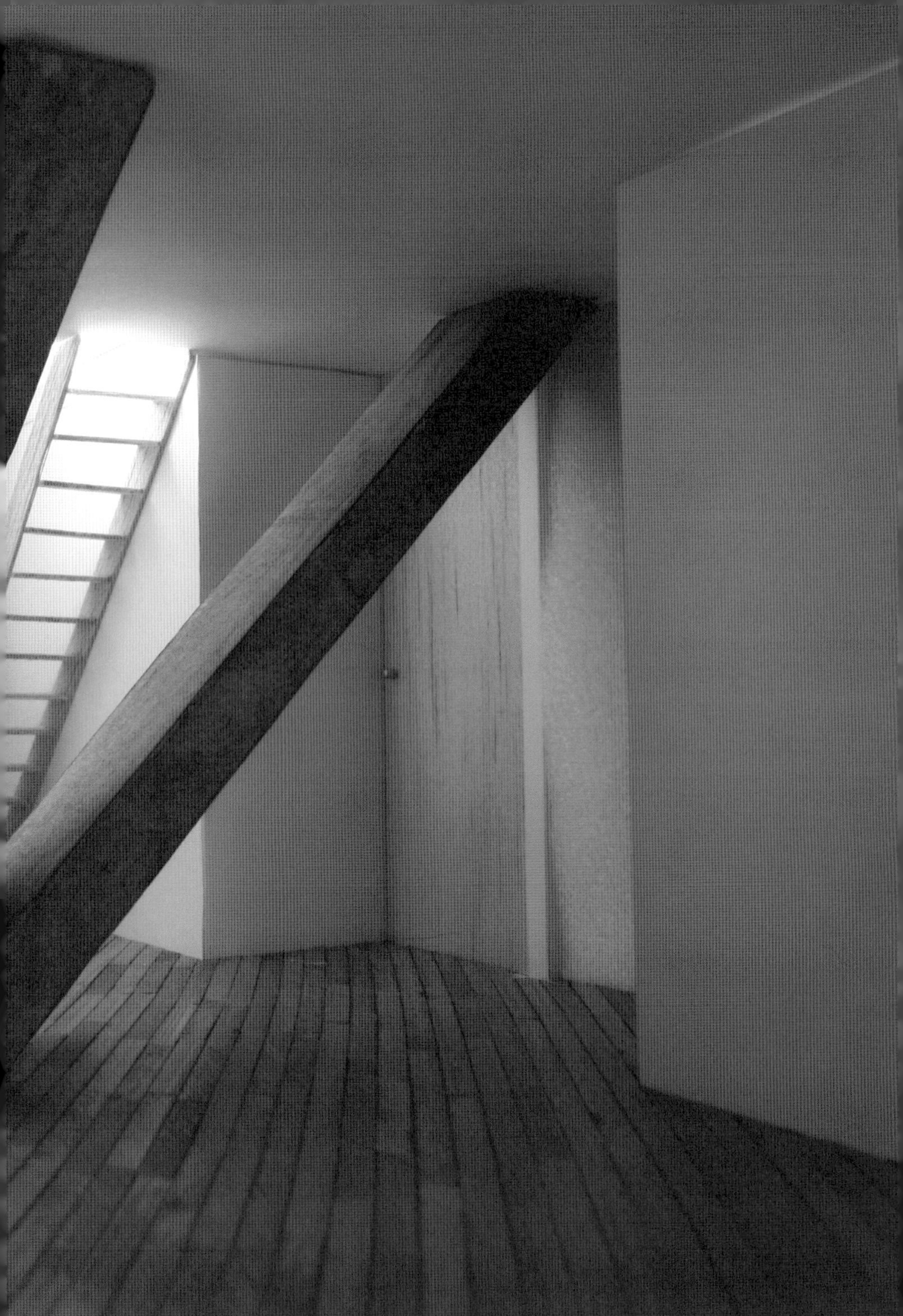

課題 10 あなたの部屋を空間化せよ！

あなたはどんな部屋に住んでいますか？ そこは空間と呼べる場所ですか？
あなた自身の部屋を「敷地」に見立てて空間を設計し、実際に施工して、
「ただの部屋」を空間と呼べるものにしてください。あなたの部屋を空間化し、
その写真を撮影してプレゼンテーションするのが最後の課題です。そこはあくまで
あなたの部屋ですから、少なくとも3カ月はそのまま生活してみましょう。

〈製作するもの〉
空間化した部屋＋
A1サイズにビジュ
アルをレイアウトし
たパネル1枚

〈製作期間〉
60日程度

進め方

❶自分の部屋を写真に撮ってください。ここが今回の「敷地」です。でも、普通に撮影していては部屋全体を把握できるような写真は撮れません。部屋の中心に立って、撮影する箇所を少しずつずらしながら、360度すべての方向の写真を撮ります。それらをつなぎ合わせて、部屋を展開した写真をつくりましょう（図1）。たとえばデイヴィッド・ホックニーの「The Crossword Puzzle」(1983年)を参考にしてください。

❷部屋の寸法を測って、1/20の図面を作図してください。平面図と展開図があるとよいでしょう（図2）。

❸図面をもとに1/20の模型をつくりましょう。スタディ用なのでラフなもので大丈夫です。

❹写真、図面、模型がそろったら、スタディ開始です。

❺たいていの人の部屋は、適度な

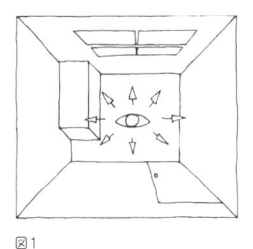

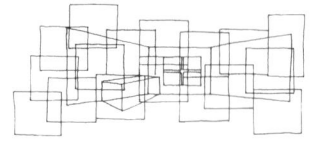

図1

David Hockney
"The Crossword Puzzle, Minneapolis, Jan. 1983"
Photographic Collage, Edition of 10, 33×46"
©David Hockney

図2　　　　　　　　　　　　　　　　　　　　　　　　　　　　　　　　　　　　　平面図

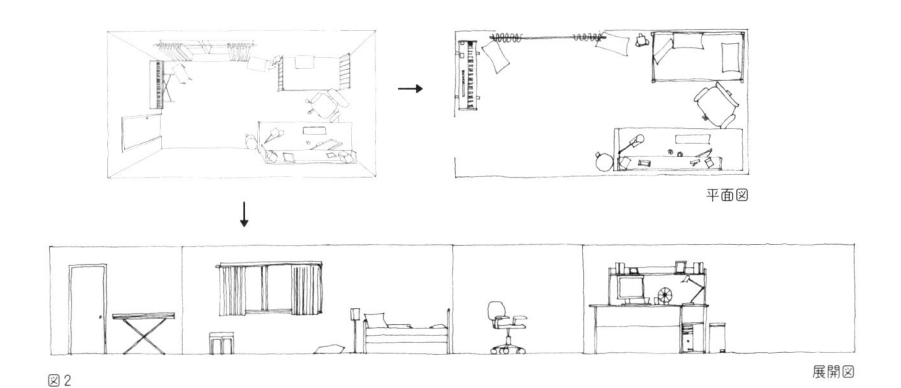

　　　　　　　　　　　　　　　　　　　　　　　　　　　　　　　　　　　　　　展開図

広さと適度な照明、必要な開口部がある程度です。たとえば、新しい光の環境を考える、行為を分析して場所をつくる（図3）、色を使って新しい環境を得る（図4）、境界を見直す（図5）、床や壁といった建築の構成要素を見直す（図6）などなど、いろいろな視点で考えてみましょう。

❻思いついた案はスケッチや模型で表現して、エスキスを繰り返します。今回は「実際につくれること」が条件なので、エスキスも具体的になります。

❼案が固まったら、いよいよ施工です。たいていの仕掛けは段ボールでなんとかなります。賃貸住宅に住んでいる人は、釘を打つなどのディテールは避けて、仮止めなどでできる施工にしましょう。

❽完成したら写真を撮ります。空間の状態がうまく表現できるよう

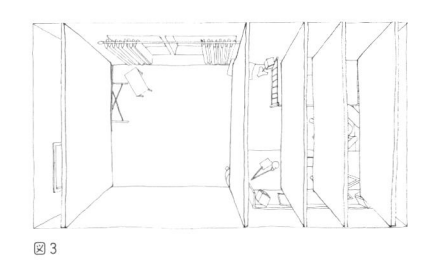

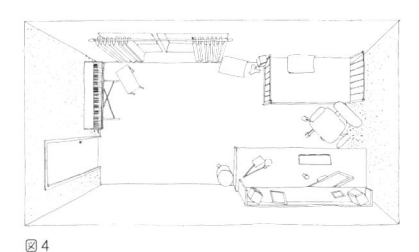

図3　　　　　　　　　　　　図4

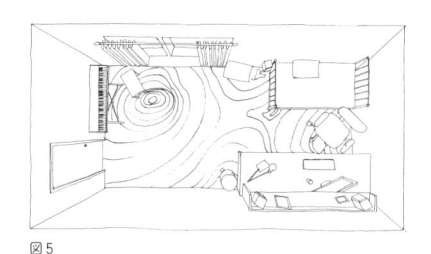

図5

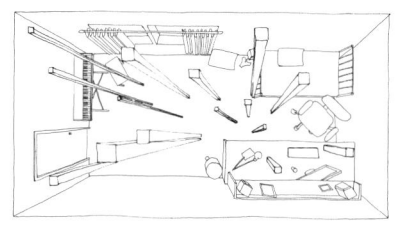

図6

に工夫して撮影しましょう。自分が入っても効果的です。

❾写真を使ってパネルをつくります。キャッチコピーやイラスト、模型写真など、コンセプトを伝えるアイテムも駆使して、かっこいいプレゼンにしましょう。

❿完成した空間で3カ月以上生活しましょう。

ヒント

・施工する材料（布など）は、問屋をさがして購入すると安くなります。

・ホームセンターなどをうろついて素材を眺めていると、アイデアが浮かぶことがあります。

自室を黒く塗りつぶしてみよう

　この課題では、みなさんひとりひとりがいま住んでいる部屋が敷地です。実際の設計では敷地やその周辺の写真を撮ったり、敷地模型をつくることから設計は始まります。それと同じように、この課題ではみなさんの部屋を敷地と見立て、敷地の写真を撮り、模型をつくることから始めます。

　写真の撮り方は課題の説明の文章中に出ているように、デイヴィッド・ホックニー（1937-）というアーティストの写真の撮り方を推奨しています。というのは、篠原一男の空間だったらワンショットで空間が伝わるけれど、悲しいかな6畳や8畳で、天井高が2.5mあったらいいほうっていうような部屋は、ワンショットではなんにもわかりません。自分の部屋を50枚くらい撮って貼り合わせてみてください。そうすると、いつもの部屋が何か違って見えてくるかもしれません。

　模型は、部屋の寸法を測って、篠原一男の住宅模型をつくったときのように20分の1の模型をつくります。篠原一男の住宅模型はひと月かけても完成しないのに、どうしてみなさんの部屋は3時間でできあがるのでしょう。それは部屋と空間は違うからです。部屋ができれば建築だと思っている人には、正直言って僕は建築家になってほしくないし、構造も設備のエンジニアもやってほしくありません。

　だからこの課題では、部屋をどうやって空間に変換するかを模型で試行錯誤し、そのあとで自分の部屋をつくり替えます。原寸の空間ができたら、1年くらいは住んでみてください。1年たって、「なんじゃこれは」と疑問がわけば、それは建築家としての眼が育っている証拠です。

　原寸の空間をつくるためのヒントはいっぱいあります。たとえば光。もう光は延々とやってきました。賃貸アパートにかってにトップライトをあけるわけにはいきませんが、いまある環境の中に光をどういうふうにつくるかがテーマです。自然光も大事ですし、照明もあります。照明と言っても照明器具ではなくて、バルブ（電球）です。あるいはLEDです。発光体としての光の粒。光源自体を買い求めるならば数十円から数百円の出費ですみます。そういうものをたかだか5つくらいどう置くか考えるだけでも、部屋を空間に変える手がかりになります。照明

を使うより、窓から入ってくる自然光をどう料理するかのほうがはるかに難しいと思います。でも「光の箱」の課題から折に触れ光のことを追求してきたみなさんならきっとできます。

　あるいは、テクスチャー。素材感。これについては「篠原一男の空間」の課題でもだいぶ研究しました。白い壁といってもいろんな白い壁があります。ル・コルビュジエの「ロンシャンの教会堂」の白い壁と、篠原一男の「白の家」の白い壁は素材感がまったく違います。

　さらに「白の家」の壁と天井はシームレスにつながっています。日本建築の作法だと、そこに回り縁が入るのが普通ですが、それを入れるのと、入れないのとでは空気感が全然違ってきます。みなさんの部屋には、たいてい何かついています。通常の設計教育では、幅木や回り縁の役割や、納まり、チリを当然必要なこととして学んでいくのですが、ここではまず空間ありきから始めていますから、回り縁や幅木のあるなしで空間がどう変わるのかを体験することが大切です。

　自室が賃貸じゃない人は、勇気を出して、机や椅子やパソコンやテレビなどを一度全部放り出して、たとえば黒板用塗料で床、壁、天井を塗りつぶしてみてください。それだけで部屋と空間の違いを実感できます。アーティストの世界なら真っ黒をやった人も真っ白をやった人もすでにいて二番煎じですが、建築家になるための手始めとして1950年代のモダンアートの手法を使ってみるのも悪くないと思います。黒い空間にいままで使っている家具を入れた場合と、それらの家具を黒く塗って入れた場合でも、空間の質は違います。

　私はデイヴィッド・ホックニーの「ペーパー・プール」という写真シリーズが大好きです。ペーパー・プールのような空気を自分の部屋につくってみるのもおもしろいと思います。何だっていいのです。部屋が質的変換を遂げて空間になったら、みなさんは間違いなく建築家になれます。あとは面倒くさいことを覚えればいいだけ。そのための教科書は、山ほど出ています。

考え始めた
ときの案が
最後にできている
ようではだめ。
3回はジャンプ
せよ！

「あなたの部屋を空間化せよ！」のエスキス風景
122〜128頁＝学生による「部屋の空間化」

内部と外部 〜刺身とつま〜

まず空間（部屋）を、

内部：人が自身的（＝精神的）に専有できる最小限の空間を取り、赤い床と天井を設けることで、周囲との明らかな差をつける
外部：既存の空間をそのまま使う

の2つに分ける。

これによって、内部は外部との差異より特別な空間に感じられ、外部は内部を引き立てるポジティブな存在になった。

naibu / gaibu

料理における刺身とつまの関係
〜主役を引き立てる〜
これを建築（空間）に落とし込めるのでは？

① は、部屋のコーナーの上下を赤いプレートで挟んで、部屋の中に「内部」と「外部」を生み出しています。すごく単純な操作だけど明快。プレートのレイアウトも上手ですね。角を90度で納めることでプレートのシルエットがうまく伝わるし、ベッドの形に引っ張られていないところもいい。

WHITE ROOM

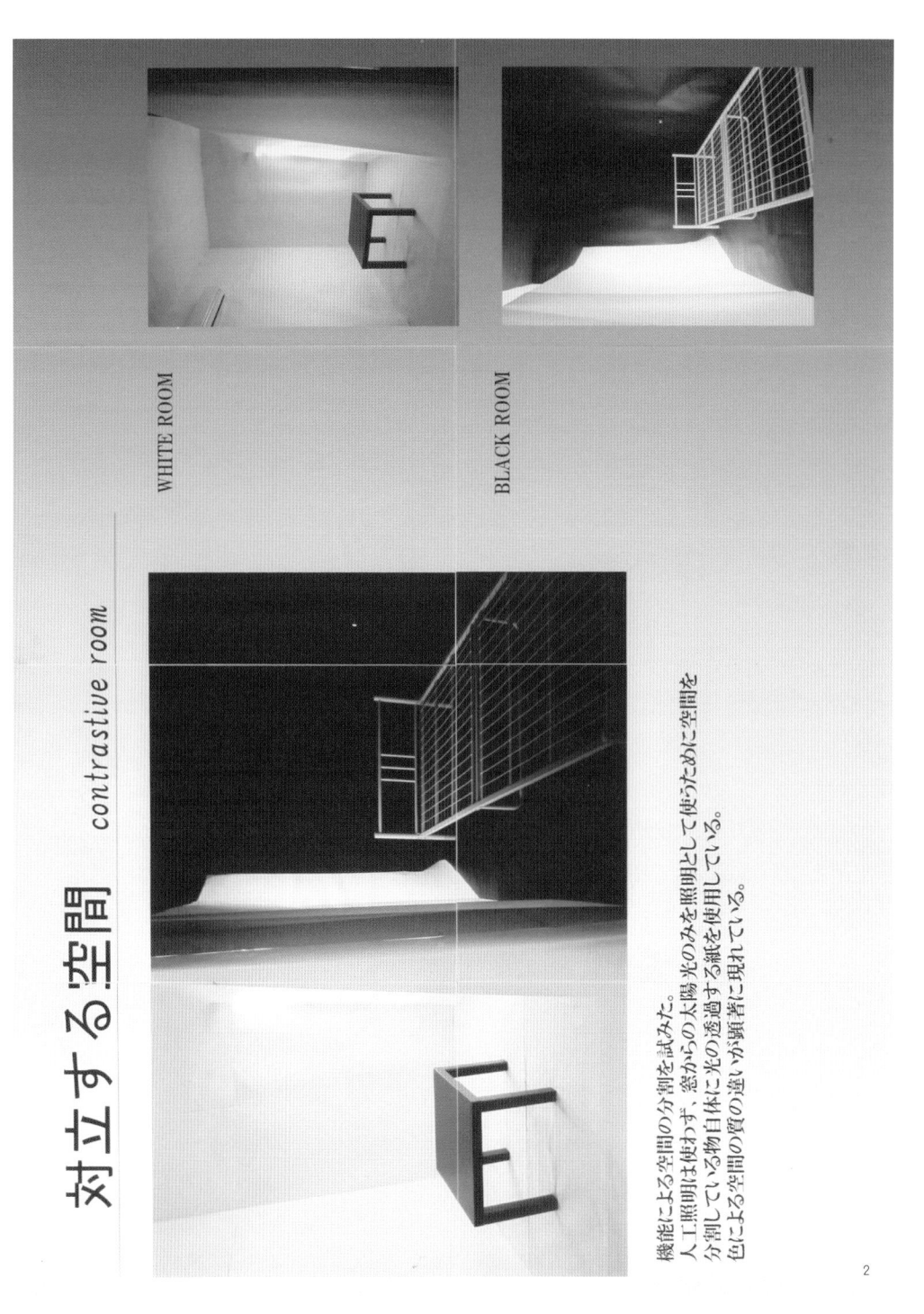

BLACK ROOM

対立する空間 contrastive room

機能による空間の分割を試みた。
人工照明は使わず、窓からの太陽光のみを照明として使うために空間を分割している物自体に光の透過する紙を使用している。
色による空間の質の違いが顕著に現れている。

「白と黒に分けてみます」と言うのは簡単だけど、②のように徹底してやれるのはすごい。部屋の真ん中の仕切りが奥の開口部に合わせて先端でちょっとカーブしています。仕切り自体は透過性のある素材を使っているのも鮮やかですね。手前のほうで白と黒の空間に行ったり来たりできるようになっています。

繭のような
雪のような
木々のような
何かに囲まれる空間

③

③はやわらかい素材をかなりの密度でグルグルと巻いて、塊のように見せています。近づくとそれが層でできていることがわかる。「幽玄」と言っていいような不思議な奥行きが出ているのはけっこうすごい。右下の図で1枚の布が渦を巻いてできているというコンセプトも一気に理解できるし、上手にプレゼンされています。

光のグラデーション

透過する光とその層

白い布で部屋をいくつにも仕切ることで
色合いの異なる空間を生み出し、
そこにささいな温度差を作り出した。

④は窓のある一番奥にだけ色のついた布、それ以外は全部白い布を使って、よくあるワンルームの部屋を仕切っている。奥から色のついた光が透過してきて自然な濃淡が生まれています。その微妙な色みを写真でもうまくとらえている。これだけの操作でこのグラデーションが出るとしたらすごいですね。実際に体験してみたい質がある。

人の手が加えられなくなった
廃墟のような無造作な空間。
それはとても非現実的なもので
見るものを圧倒させるだろう。
もしそのような無機質的な要素と
人間が普段生活する場所の両方が
存在する空間が生まれたらそれは
どのようなものになるだろうか。

「造作」と「無造作」

7110069　志波　友樹

壁がはがれて中がむき出しに
なった壁はちょっとした収納、
ディスプレイ代わりに使う
ことができるだろう。
人気の感じられない「廃墟的」
な壁も、人間の生活空間に
機能的にうまく溶け込むことが
できるのである。

⑤はある意味でプロっぽい。実際の家の壁の一部をどう切り取ってはがすか、そのセンスが大変いい。お化粧されていたものが露になるという感じがきれいに出ていますね。何の変哲もない部屋でも、はがしたところが新しい意味をもち始めて、もう一回生き生きしてくる。

縞模様

線方向

白と黒の縞模様と線方向によって、奥に広がり、締まった空間を目指した。

平面図

比較

⑥はプリントアウトしたストライプ状の紙を正面の壁と床だけに貼っています。この人の場合は触らないところは触らないっていう意思表示がクリアに出ていて、使っていた家具をそのまま元の場所に置いているけれど、壁と床がストライプになるだけで家具が浮かんでいるような浮遊感が出ています。

日々是読々

⑦

⑦は『少年ジャンプ』のページを切り取って、ガラスであろうが壁であろうが徹底して全部に貼っています。ページには微妙に色がついていて、その中の絵にも濃淡があるので、自然の石のようにも見える。でも近づいてみるとものすごい情報がここには入っているわけで、そのギャップがおもしろいですね。

いい建築、悪い建築

　言い切ってしまえば、建築には「いい建築」と「悪い建築」のどちらかしかありません。だけど、たまたまいまみなさんの目の前にある建築、あるいはいまいる建築が、いいか悪いかを言うのはけっこう難しい。

　車だったら、どのファクターをファーストプライオリティに置くかで、みんながそれぞれにいい、悪いを判断していると思います。快適性なのか、それともスピードなのか？　たとえばF1のマシンは一般的な意味での快適性はほぼゼロだけれど、スピードだけを求めるというのなら100パーセント快楽です。あるいはスタイルがよければいいのか？　ボディがフェラーリなら、エンジンは1,200ccでもいいという人もいるかもしれません。100万円の車も1億円の車もあるわけだけれど、自分が最優先にしている価値観で自分にとっての車の「いい」「悪い」を判断できます。

　車と同じように建築にもいろいろなファクターがあります。古典的にはウィトルウィウスの「強・用・美」という、構造・機能（使いやすさ）・美しさといった尺度があります。現代だとそれに加えて、快適性や断熱性、耐震性なども大事な要素です。いろいろな要素がからみ合って、建築は車のようにひとつのポイントだけで割り切るわけにはいきません。だから、建築のいい、悪いの判断は難しいのです。でもここまでは、即物的なモノとしての「いい、悪い」の話です。

　この『空間練習帳』では、ずっと空間の話ばかりしてきました。あえてタイトルでも建築とはうたっていません。『建築練習帳』だったら、たとえば図面をどう描くかなどの、もう少し即物的な話も出てきて、目次立てもだいぶ違っていたと思います。「はじめに」でも触れたように、空間という言葉は数学や哲学にも出てくるので、難しいといえば難しいかもしれません。でもこの『空間練習帳』のいろんなエクササイズを通して、「光の箱」の課題でやったような光の状態、あるいは「ピクニック」の課題で感じた場の雰囲気も、空間と深いかかわりがあるということに気づいてもらえたと思います。

そしてこの空間というのは、先ほどの即物的な評価指標の上位にあるような質のことです。つまり、空間の質がないのに断熱性能や耐震性能だけがよくても、いい建築にはなり得ないのです。かと言って、空間さえよければ地震のときにはどうなってもいいなんて話をしているのではまったくありません。

　ではもっと具体的に、「フォトコンテスト」の被写体として取り上げたような建築が、なぜ「いい建築」なのかを考えてみましょう。
　まず「せんだいメディアテーク」。この建築は、細いスチールパイプを組み合わせてできた13本の「チューブ」によって全体が支えられています。そしてこの「チューブ」によって、中の機能や人びとの行為の領域がゆるやかにかたちづくられています。これを実現するために、専門家じゃないとわからない革新的なことをいろいろやっているわけですが、建築のことなんて何も知らないアマチュアの人がやってきても、「ここならいろんなことができそうだ」と思えるような空間になっています。実際、公共の図書館なんて行きそうもない若いカップルまでが、図書館の中をウロウロするようなことが、どんどん起こっているわけです。
　もうひとつ、「金沢21世紀美術館」。日本にかぎらず美術館というと、石段を上がった先の重くて背の高い扉を入って、天井の高い部屋で一瞬たたずんで……と、アートに出合うまでに何回も重い扉をあけるようなイメージがあります。ところが「金沢21世紀美術館」は、まったくそれとは違う現れ方をしています。透明で真ん丸なガラスの中に展示室がバラバラに配置されていて、入り口が4つもあって、表と裏がありません。美術館に関係ないのに、雨が降っているから中を通っていこうという使い方ができてしまうくらいオープンなつくりです。この美術館の空間を体験すると、美術館について抱いていた従来の先入観が大きく変わります。
　「せんだいメディアテーク」と「金沢21世紀美術館」のビジュアルの質、光の質、あるいは機能や構造の考え方など、さまざまなことに革命的な要素がありますが、これらのふたつの建築は、それまで図書館や美術館と言われていたものがもっていた、何だかちょっと重くてうっとうしい雰囲気を見事にぬぎ捨てて、新

上:伊東豊雄「せんだいメディアテーク」2000年。下:妹島和世+西沢立衛「金沢21世紀美術館」2004年

しい姿を来館者に見せています。そして、その変貌ぶりに大きくかかわっているのが、空間なんです。何の説明も聞いていない人たちがこの空間によって自然とさまざまな行為をしてしまうことが、素晴らしい。僕はそう思っています。

　一般の人びとと空間がクロスしてどのようなアクティビティが発生するかが、変化が激しい現代社会での建築の「いい」「悪い」の重要な判断基準のひとつです。既成のイメージを踏襲したままの建築やその空間は使用者に支持されないので、つくること自体が難しくなっていくでしょう。ここでは具体的に例を挙げて「悪い建築」について話すことはしません。みなさんの近所の図書館や美術館がいいほうに近いのか、悪いほうに近いのかは、みなさんで判断してみてください。

　「あなたの部屋を空間化せよ！」では、たかだか6畳だか、8畳だかの自分の部屋でも、空間にするのはきっと相当大変だったと思います。建築っていうのはもっと大変なことをやるわけですから、空間をはらんでいない、空間の質のないものを大変な思いをしてつくっても、それは社会や人びとへの悪行ではないかと思います。

　この『空間練習帳』のエクササイズは1回やったら終わりではありません。スポーツ選手のウォーミングアップと同じように日々繰り返していないと、空間の質を見きわめる力はすぐに衰退してしまいます。そうすると、やたらスペックのことばかりをしゃべってわかったふりをする情けない大人になってしまいます。日々繰り返しながら、どんどんエッセンスに近づいてください。そしてこれから先はみなさん自身で、「いい」にどうやったら至るのかを考えてもらえればと思います。

略歴

小嶋一浩（こじま かずひろ）／建築家

1958年、大阪府生まれ。1982年、京都大学工学部建築学科卒業。1984年、東京大学大学院修士課程修了。1986年、同大学院博士課程在学中にシーラカンスを共同設立（2005年、CAtに改組）。1994年、東京理科大学助教授。2005年、同大学教授（〜2011年3月）。2011年、横浜国立大学大学院Y-GSA教授。2016年10月、死去

主な作品＝宮城県迫桜高校（2001）、スペースブロック・ハノイモデル（2003、ベトナム）、リベラル・アーツ＆サイエンス・カレッジ（2004、カタール）、千葉市立美浜打瀬小学校（2006）、ホーチミン建築大学（2005-、ベトナム）、中央アジア大学ナリンキャンパス（2004-、キルギス）、柿畑のサンクンハウス（2010）、宇土市立宇土小学校（2011）、流山市立おおたかの森小・中学校（2015）ほか

主な著書＝『シーラカンスJAM』（TOTO出版、1997）、『アクティビティを設計せよ！』（彰国社、2000）、『PLOT02 小嶋一浩：建築のプロセス』（A.D.A. EDITA Tokyo、2002）『CULTIVATE』（共著、TOTO出版、2007）、『小さな矢印の群れ 「ミース・モデル」を超えて』（TOTO出版、2013）ほか

伊藤香織（いとう かおり）／東京理科大学教授

1971年、東京都生まれ。博士（工学）。東京大学大学院博士課程修了後、日本学術振興会特別研究員を経て、2002年、東京大学空間情報科学研究センター助手。2005年、東京理科大学講師。2008年、同准教授。現在、同大学教授。2002年より、東京ピクニッククラブを主宰

主な著書＝『シビックプライド――都市のコミュニケーションをデザインする』（伊藤香織・紫牟田伸子 監修、宣伝会議、2008）、『まち建築：まちを生かす36のモノづくりコトづくり』（日本建築学会編、彰国社、2014）、『シビックプライド2【国内編】――都市と市民のかかわりをデザインする』（伊藤香織・紫牟田伸子 監修、宣伝会議、2015）ほか

小池ひろの（こいけ ひろの）／建築家

1964年、北海道生まれ。1987年、武蔵野美術大学造形学部建築学科卒業。1987年、伊東豊雄建築設計事務所入所。1997年、手塚義明とケイティアーキテクチャーを共同設立（〜2016年）。2016年、コイケヤデザイン設立

主な作品＝4・1（2000）、せんだいメディアテーク図書館家具（2001）、HOTEL PUERTA AMERICA客室（2005）、えんぱーく図書館家具（2010）ほか

高安重一（たかやす しげかず）／建築家

1966年、千葉県生まれ。1989年、東京理科大学理工学部建築学科卒業。1990年、東京理科大学助手。1995年、建築研究室高安重一事務所設立。2003年、アーキテクチャー・ラボに改組。現在、鹿児島工業高等専門学校准教授

主な作品＝川口交差住居（2001）、白い箱の家（2002）、東京理科大学コミュニケーション棟（2005）、4連の家（2005）、点／線HOUSE（2006）ほか

主な著書＝『CADによる建築設計製図』（共著、彰国社、1995）

クレジット

〈文章〉
小嶋一浩 2-5、8-17、30-32、41、49、58-60、63-64、97-101、103、119-121、129-132
伊藤香織 70-71、78-85、91
小池ひろの 26-28、40、48、56-57、62、68-69、86、90、94-95、116-118
小嶋一浩＋伊藤香織＋小池ひろの＋高安重一 34-39、51-55、72-77、122-128
大成優子 50、96
横前拓磨 24、86-89
佐藤久美子 29

〈写真撮影・提供〉
畑拓(彰国社) 25、32-33、66-67、85、103、106-107、110-111、114-115、122-128、131下
彰国社写真部 98、102、104-105、131上
石黒泰司 75
伊藤香織 76、77下(2点)
今城瞬 73、77上
大橋富夫 46、100
小池ひろの 121
小嶋一浩 10-11、14-15、18-19、22、23上、42
佐藤久美子 29上(4点)、74、86-88
鈴木豊／東京ピクニッククラブ 80下(2点)、81上・下左
多木浩二 108-109、112-113
東京ピクニッククラブ 80上、81下右(2点)
東京理科大学伊藤研究室 71
東京理科大学安原研究室 34-39、51-55、61、92-93
浜田充 65
光の館 23下
松本透子 72
GA Photographers 44
Paul Warchol 21

〈図版制作・提供〉*以下に特記なきものは編著者による
佐藤久美子 29下(3点)
東京ピクニッククラブ(文：伊藤香織、イラスト：北村ケンジ) 83
東京理科大学安原研究室 43、45、47
横前拓磨 24、26-28、31、40、48、50、57、60、62、69、89、94-95、116左・中、117-118
Steven Holl Architects 20

〈課題作品制作〉
＊丸数字は掲載頁の写真番号を示す。グループ課題については、履修年度を記した。
以下に特記なきものは、1996-2010年度の履修学生による作品

課題1 光の箱 (34-39頁)
①土屋祐貴 ②青木萌子 ③松井文香 ④蜂谷賢美 ⑤大村高広 ⑥小松美希 ⑦星野善晴
⑧近藤悠子 ⑨稲葉修也 ⑩近藤崇行 ⑪河野広樹 ⑫井上遼

課題2 スライドスケッチ
權田貴之 43上左・45右上、橋本航 43上右・45上左、渡邊藤一郎 43下右・45下右・47上右、
小田健人 43下右・45下左・47下右、草場達也 47上左、池田智紀 47下左

課題3 フォトコンテスト (51-55頁)
①赤根知子 ②高橋真人 ③伴琢磨 ④菊次早紀 ⑤木崎美帆 ⑥高橋航 ⑦江口裕司

課題4 空間レポート
2010年(12班) 61上、2010年(4班) 61下左、2010年(28班) 61下右

課題5 建築ブックレット
星野善晴 66上左、田村匡將 66上右、北上紘太郎 66下左、草場達也 67

課題6 ピクニック (72-77頁)
①2009年 ②2009年 ③2010年 ④2007年 ⑤2007年 ⑥2009年 ⑦2007年

課題8 ザ・ウォッチャー (92-93頁)
間(左から)：宮本沙生、山崎大輔、稲葉修也、田所拓也、星野善晴
屋根(左から)：山下悠輝、野木淑裕、粟飯原恵、小田千聖、石井舜
アクティビティ(左から)：兼森毅、針貝傑史、田中理恵、針貝傑史、佐藤久美子
マテリアル(左から)：石黒泰司、向井優佳、石橋理志、山口貴之、田中理恵

課題9 篠原一男の空間
田中瑠璃 106-107、森勇樹 110-111、山本亮太 114-115

課題10 あなたの部屋を空間化せよ！(122-128頁)
①上原雄貴 ②井上遼 ③忽滑谷佳世 ④渡部寧 ⑤志波友樹 ⑥谷内孝誠 ⑦渡邊藤一郎

本書は、基本的に、東京理科大学理工学部建築学科にて
小嶋一浩を中心に行われた「空間デザイン及び演習Ⅰ・Ⅱ」(1996-2010年度)をもとにしています。
編著者以外で、授業を分担したのは次の人たちです。

高旗雅弘・吉村靖孝・平田晃久・光本直人・佐久間達也・岩崎整人・山中悠嗣・成瀬友梨・
藤村龍至・佐貴大輔・大成優子(以上非常勤講師)
大宮喜文・松山賢・佐貴大輔・坂下加代子(以上助手および助教)

建築文化シナジー
空間練習帳

2011年10月10日 第1版 発 行
2024年 5月10日 第1版 第3刷

編著者　小嶋一浩・伊藤香織・小池ひろの・高安重一
発行者　下出雅徳
発行所　株式会社 彰国社
　　　　162-0067 東京都新宿区富久町 8-21
　　　　電話 03-3359-3231（大代表）
　　　　振替口座 00160-2-173401
　　　　https://www.shokokusha.co.jp
印刷　　三美印刷株式会社
製本　　株式会社ブロケード

ⓒ Kazuhiro Kojima, Kaori Ito, Hirono Koike, Shigekazu Takayasu 2011
ISBN 978-4-395-24011-1 C3352

本書の内容の一部あるいは全部を、無断で複写（コピー）、複製、および磁気または
光記録媒体等への入力を禁止します。許諾については小社あてにご照会ください。